『母2024』——母の力

『日本のこころの教育』という致知出版社のロングセラーの本があります。

その本の著者である境《さかい》野《の》勝悟《かつのり》先生は、こう話されます。

「小学生時代に、『ただいま』と家に帰ってお母さんがいるときは僕はいつでも『お母さん、何かないの?』と聞きました。すると、母は『おまえは人の顔さえ見れば食べ物のことばっかり言って、食いしん坊だね。そこに、ほら、芋《いも》があるよ』って言う。そういうときは決まって、きのうふかしたさつま芋が目ざるの中に入っていました。
かかっているふきんを取ると、芋はいつもひゃーッと冷たいんです。だけれども、お母さんのそばで食う芋は不思議にあたたかかった。(中略)
お母さんが家にいると黙っていても明るいのです。あたたかいのです」

こういった思い出は、誰しもが持っているのではないでしょうか。

私も小中高生の頃、放課後、学校から帰って家に母がいないとき、同じ照明であるはずなのに、家の中が暗く寂《さび》しく感じた思い出があります。でも、母が家にいると、それだけで家が明るくあたたかい。

教育者の森 信三《しんぞう》先生は、「母は家庭の太陽である」と、おっしゃいました。

「母」という存在は、どんな時代においても、子どもにとって、そこにいるだけであたたかく、大きな存在。

自分を産んで、家を照らして、あたたかな愛で包み育ててくれた母に感謝の思いが湧くと共に、いま「母」という存在になった自分もまた、知らず知らずのうちにきっと、子どもたちにとって「あたたかく大きな存在」と思われているということにも気づかされます。

「私は、そんな存在になれているだろうか」。ふと不安がよぎることもある。

しかし、自分では自信がなくても、どんな母でも、子どもたちは私たち母親から、あたたかさ、大きな安心感を感じ取ってくれている。それは紛《まぎ》れもない事実です。

「十億の人に　十億の母あらむも　わが母にまさる母　ありなむや」（暁烏《あけがらす》敏《はや》）

十億の人に十億の母がいるけれども、自分の母にまさる母はいない。言い換えれば、わが子にとっては自分こそが最高の母なのだ、ということです。そう自覚と誇りを持つと共に、親が子どもたちと一緒に成長していくことが必要であることも、多くの先人が教えてくれています。

「育児は育自」「子育ては自分育て」という言葉があります。

相田みつをさんの言葉にも「育てたように子は育つ」とあります。

子育ての本質は、究極、自分を育てることであることを、多くの先人が教えてくれているのです。

人の上に立つ人の心得を説いた古典の名著『大学』は「修己治人《しゅうこちじん》」と教えています。人は、己《おのれ》を修《おさ》めてはじめて人を治《おさ》めることができる、というのです。この「治める」の「治」という漢字には

「助ける」「育てる」という意味がある、ということを、『致知』初代編集長から教わりました。つまり、人は、己を修めた分だけ、また、自分を高めた分だけ、人を助け、育てることができる、ということ。

私たち親は、つい、子どもをよりよく成長させようと思うがあまり、子どもに矢印を向けてしまいがちです。しかし、大事なことは「自分を育てること」だと、古典や先人たちは教えてくれています。

『大学』は二千年以上前に書かれた書物です。長い年月の間、読み継がれてきた古典の教えには、時代が変わっても変わらない、大切な原理原則があります。

四十六年続く『致知《ちち》』という月刊誌を通して学んできた「人間学」のエッセンスは、子育てに携《たずさ》わるすべての人にとって大きなみちしるべになる。私たちがお届けしている「人間学」で、お母さんたちのより心豊かな子育ての役に立てたら……そんな祈りを込めて二〇一九年に第一弾を発刊した『母』は、今年で六号目、累計六万八千部を超えました。

心の栄養は「言葉」だといいます。

『致知』や『母』の記事の中には、心の栄養になる豊かな言葉がたくさん詰まっています。

お母さんお父さんをはじめ、子どもたちに携わるすべての方が、この「人間学」の読み物からたくさんの「心の栄養」を吸収して、子どもたちに豊かな言葉を届けてほしい。それが必ず、子どもたちの「生きる力」に繋《つな》がっていくと信じています。そのことを祈りつつ、まずはお母さんの心が栄養たっぷりで満たされますようにと願いを込めて、『致知別冊「母」2024 母の力』を、ここに発刊いたします。

令和六年六月吉日 『母』編集長 藤尾 佳子

目次

写真／上田和則、齊藤文護、坂本泰士、山下 武

[第一章]

わが子への贈り物

①

【対談】母として語り継ぎたい日本のこころ

相川七瀬　歌手／作家

白駒妃登美　歴史エッセイスト

②

美しい日本語が子どもの人生を創る

小泉敏男　東京いずみ幼稚園園長

【対談】母として語り継ぎたい日本のこころ

歌手／作家
相川七瀬

あいかわ・ななせ　昭和50年大阪府生まれ。平成7年『夢見る少女じゃいられない』で歌手デビュー。現在までのCDトータルセールスは1,200万枚。令和7年デビュー30周年に突入する。歌手活動を続ける傍ら、令和2年に國學院大學神道文化学部に入学し、6年に首席で卒業。大学院で民俗学を専攻している。家庭では平成13年に長男、19年に二男、24年に長女を出産。歌手活動と学業、子育ての生活を続ける。

学びは人間を生かす力になる

相川　妃登美《ひとみ》さん、きょうはこのような対談の機会をいただいて、とても嬉しく思っています。

白駒　七瀬さんには、いつかこの『母』にご登場いただきたいと思っていましたので、そう言っていただけて光栄です。七瀬さんはロック歌手としての活動に加えて、学生として大学で神道《しんとう》を学び、家庭では三人のお子さんのお母様でもいらっしゃいます。そのすべてに誠心誠意心を込めて頑張っていらっしゃる七瀬さんを私はとても尊敬しているんです。

また、この度は國學院大學神道文化学部を首席で卒業されたとのこと、本当におめでとうございます。

相川　ありがとうございます。

白駒　七瀬さんって音楽だけでなく生き方もロックじゃないですか。ライブで体力やエネルギーを使い尽くされると思いますが、どんなに疲れていても「ここで休んだらロックじゃない」と翌日の授業に必ず出席なさる。ライブの休憩時間に

三児の母でもある歌手の相川七瀬さんが今春、國學院大學神道文化学部を首席で卒業されたことは大きな話題となりました。歌手として多忙を極める一方、子育てや学業にも力を注いできた相川さん。その一所懸命な姿は子育て中のお母さん方をはじめ、多くの人たちに勇気と希望を与えるものがあります。相川さんと親しく交流する歴史エッセイストの白駒妃登美さんに、神道や日本文化を探究し続ける相川さんの思いやこれまでの人生、子育て観などについてお訊きいただきました。

歴史エッセイスト

白駒妃登美

しらこま・ひとみ　昭和39年埼玉県生まれ。慶應義塾大学経済学部卒業後、日本航空に入社し、平成4年には宮澤喜一首相訪欧特別便に乗務。24年に㈱ことほぎを設立、講演活動や著作活動を通じ、日本の歴史や文化の素晴らしさを国内外に向けて広く発信している。天皇陛下（現在の上皇陛下）御即位三十年奉祝委員会・奉祝委員、天皇陛下御即位奉祝委員会・奉祝委員を歴任。現在、教育立国推進協議会のメンバーとして活動中。著書に『親子で読み継ぐ万葉集』（小柳左門氏との共著／致知出版社）など多数。

も卒論を書いていらっしゃいましたよね。

　学びというと、どうしても部屋で本を読むことが中心になりがちです。だけど、七瀬さんは忙しい中でも現地に足を運んで体当たりで研究をされている。そういう七瀬さんの生き方が、私は素晴らしいと思うんです。

相川　私、現場でのフィールドワークがとても好きなんです。本を読むことも好きなんですけど、大学生活で一つ分かったことがあって、私は本をいくら読んでも記憶に留められない。体感してようやく記憶に留められるんですね。紙の中での論述よりも、見て感じて聞くというライブ体験をしているほうが絶対に自分に合っているみたいなんです。

白駒　私も歴史を学ぶには現地に行くのが一番と思っていますので、その考えにとても共感しますし、何事にも一所懸命に向き合われる七瀬さんの生き方は、子育て中のお母さん方に勇気や希望を与え、理想を思い起こさせてくれると思います。

相川　私、大人にとって学ぶことで得るものがあるとしたら、それは新しい人間関係だと思うんです。仕事の場合、人間関係はある程度決まった枠に止《とど》まるのに、学びでは全《まった》く違うベクトルに広がる。それまで出会わなかった人たちと出会うことができる。だから、学びというものは人間を生かす大きな力となりうることを実感しています。

白駒　子どもにしてみたら、「勉強しなさい」と口うるさく言われるよりも、親が何かに没頭している姿、一所懸命になっている姿を見せることが一番のエールになるのかもしれませんね。

相川　もちろん私も「勉強しなさい」って言いますけど、しなかったとしてもチャンスはあるんですよね。私を見ていて子どもたちはきっとそう思っています。若い時に大学に行かなくても、行きたいと思った時に、勇気と覚悟を持てば、いくらでもチャンスがあると思わせてあげられることが、親としてできることの一つなのではないかと思います。

「私の本業は日本人です」

白駒　七瀬さんとこうして親しくさせていただけていることを本当にありがたく思っていますが、最初にお会いしたのは二〇一四年でした。七瀬さんは覚えていらっしゃらないでしょうけど、石川県の白山比咩《しらやまひめ》神社という千三百年の歴史がある神社で薬師寺の管主《かんしゅ》様と対談された時、名刺をお渡しし、少しだけですがご挨拶させていただきました。

相川　ああ、その時のことはすごくよく覚えています。「妃登美」というのが初めて見るお名前で、とても印象に残っていましたから。

白駒　え、初対面で覚えてくださっていたんですか？　嬉しすぎます（笑）。

　実はその時の対談で私、七瀬さんの最初のひと言に震えるほど感動したんです。

相川　私、何て言いました？

白駒　こうおっしゃいました。「私はロック歌手をしていますが、私の本業は日本人です」と。

　いま思い出しても魂が震えます。これだけ有名で実績もある七瀬さんが、肩書やキャリアではなくご自身の在り方をバーンと打ち出して自己紹介なさった。その姿を間近で拝見し、少し変な言葉ですが「我こそ資本」という思いが湧き起こってきたんですね。この方の話をもっともっと伺いたいと思いました。

相川　私たちの世代って、日本人としてのアイデンティティーを持っているようで持っていない気がしています。意識していないという言い方が正しいのかもしれませんが、私は神社にご縁をいただいていろいろな活動をしていく中で、「あ、私って日本人なんだな」と思うことが数多くありました。また、海外に行くたびに「日本の文化のこういうところが世界に誇れる部分なんだな」と。そういう日本人のアイデンティティーや文化を伝道していく使命が、歌以外にどこかで自分にはあるんだろうなということを次第に思うようになりました。

　その意味でも妃登美さんとの出会いは私にとってとても貴重なものでした。最初にお会いした頃、私は学問としての『古事記』にも歴史にも出合っていませんでした。だけど妃登美さんは既に学問としての古典や歴史に出合って、日本の歴史

コンサート中の相川さん
©有限会社ファウンテン

や精神性のようなものをご自身の言葉で発信する活動を続けられていました。私は妃登美さんの人間性を含めて、何が妃登美さんをそこまで突き動かすのかということにずっと興味があったんです。いろいろとご一緒させていただく中で、そうか、私も私なりのやり方で日本の伝統や精神について、自分の言葉で伝えていけばいいと気づかせていただいたんです。

だから、妃登美さんは私にとってのロールモデルです。歴史について分からないことがあったらお聞きしているんですけど、その答えには「なるほど、なるほど」と納得させられてばかりですね。

人生を変えた運命的な出会い

白駒　憧《あこが》れの七瀬さんからそう言っていただき、夢のようです。きょうはせっかくの機会ですし、『母』の読者にも七瀬さんのファンの方が多いと思いますので、ぜひこれまでの歩みについてお聞かせいただけたらと思っています。子どもの頃から歌はお好きだったのですか。

相川　はい。歌うのはとても好きでしたね。それで中学生の時、歌手になるためのオーディションを三年間受け続けましたが、合格はしませんでした。芸能界入りを諦《あきら》めて新しい人生を始めようと思って高校に進んで一年くらい経った時、オーディションで審査員を務めていた織田哲郎さんから突然連絡が来たんです。

でも、十四、五歳の子が審査員の名前など覚えていないし、いまのようにプロデューサーという仕事が脚光を浴びている時代でもなかった。だから、電話口では織田哲郎さんがどういう方かも全く分かっていませんでした。

ただ、私は織田さんととても強烈な出会い方をしていたんですね。一緒にアイドルのオーディションを受けるはずだった友達に履歴書を投函《とうかん》してもらったのですが、私の履歴書になぜか間違って友達の写真が貼られていた（笑）。オーディ

子どもの変化に気づく自分でありたいとはいつも思っていました。そこに気づくために子どもたちとの関係性を近くしておくのはとても大事だと思っています

相川

育児は育自だと私は思っています。子どもというのは私にとって歪な鏡。子どもという存在があるから、自分自身と向き合える　白駒

ション当日に「これって君の顔じゃないよね」と言われて「あ！　それ友達です」と言ったのですが、その指摘をした人こそが織田さんだったんです。
　それで織田さんから連絡があった時、母が「会ってみたらいいんじゃない」と言って、会うことになりました。織田さんが東京から大阪までわざわざ会いに来てくれたんです。でも、その時は、一年以上前にもう諦めていた夢だったので気持ちが再熱しないこともあって断ってしまいました。別れ際に織田さんから「気が変わったら電話してよ」と自宅の電話番号を書いた紙をもらいました。
　その後も、連絡する気はなかったんですけど、学校生活に馴染《なじ》めずにいよいよ高校を中退するという時に、母が「どうしても辞めるというのなら仕方がない。だったら織田さんにもう一度連絡をしてみたらどうなの？　歌手になりたいと言っていたじゃない？」と言われて、あれから一年ぶりに連絡したんですね。

白駒　織田さんの反応はいかがでしたか。

相川　私のことを覚えてくれていました。「気が変わったの？」と聞かれて「はい」と。「でも、君にやってほしいと思っていたプロジェクトは他の子で始まっている。君用にまた新しいのを考えるから、じゃあ一緒にやっていこう」と言ってくださいました。

白駒　七瀬さんの将来性を見込んでいらっしゃったのですね。

相川　織田さんが言うには、オーディションの時、私だけはニコリともしない、大人に媚《こ》びない、それどころかちょっと睨《にら》んだ顔をして歌だけ歌って帰って行った。おまけに写真は違うし「なんだこいつは」と見ていた、と（笑）。だけど、それが新鮮で面白かったそうなんです。私としてはアイドルのオーディションを受けたわけだから、満面の笑みを浮かべていたと思っていたんですけどね（笑）。

どん底にもチャンスはある

白駒　人生の苦しい時に運命の出逢いがあり、歌で乗り越えていかれたのですね。

相川　ええ。その頃は、本当に苦しかったですね。中一の時に両親が離婚し、私は母の実家で生活していました。転校先でいじめに遭い、登校拒否になって学校に行っていなかった当時の私にとってオーディションは唯一の外出の機会で、そこでできるお友達と話したり文通したりして、何とか自分の心を保っていた時期だったんです。
　家でもうまくいかない、外でもうまくいかないから、居場所がないじゃないですか。で、私は毎晩窓を開けて月に手を合わせて祈っていたんです。「自分に居場所を与えてください」って。それくら

い、追い詰められていたのだと思います。

　幸いだったのは、父方、母方共に祖父母がとても信仰深かったことです。父方の祖父母は私が子どもの頃から「高野山《こうやさん》に修行に行くから一緒に行こう」「神社で祭りがあるから行こう」と誘ってくれましたし、母方の祖父は氏子総代《うじこそうだい》として地域の祭りを盛り上げていた。苦しい時に祈れば神様、仏様が助けてくれる、ご先祖様が守ってくれるという思いが祖父母の姿を通して自然と培《つちか》われていったことが、私を窮地《きゅうち》から救い出してくれたのだと思います。

　これまで四十九年間生きてきて、病気をしたり家族の問題があったり、いろいろと辛《つら》いことも経験してきました。でもやっぱり十四、五歳のあの時が人生のどん底で一番辛かったですね。だけど、人生のどん底には必ず大きなチャンスがある。実体験を通して、自分が誰かに言えることです。

白駒　私も七瀬さんと同じような経験をしています。四十代で大病を患《わずら》い、幼い子どもたちを残して死んでいくしかないのかと思った時に、「小学生になったばかりの息子が中学校を卒業するまではせめて生かしてください」と、やはり私も毎晩月に祈ったんですよね。その時、どん底で私を支えてくれたのは、歴史上の人物や大好きな『万葉集』の歌でした。七瀬さんが歌で生かされたように、私もまた自分が大好きなものが、どん底の時期を支えてくれたんです。

相川　そう、だから支えになるものは傍《そば》にあるんですよ。気づきにくいだけなんです。私はたまたまそれが歌だったのですが、ありがたかったのはその夢を母は決して潰《つぶ》さなかった。思い返しても「そんなに歌ばかり聴いて」なんてひと言も言われたことがありませんでした。

白駒　それがお母様の素晴らしいところですね。

相川　もし、歌を自分の生活や時間から摘《つ》まれていたとしたら、全く違う人生を歩いていたと思います。妃登美さんも、大好きな歴史を誰にも摘まれなかったから、歴史を伝えていきたいという思いが自分の中に芽生えたわけじゃないですか。

　私は自身の経験から、子どもたちの好きを摘んではいけないと思ってきたので、子どもたちのやることにはなるだけ目を瞑《つぶ》るようにしてきました。「消しゴムの収集癖やめて」と思っても、十年後、二十年後に、もしかしたら文房具を開発する人になるかもしれないし（笑）。

涙が止まらなかった一冊の本

白駒　七瀬さんの活動は、歌だけではなく神道や祭りの研究へと繋《つな》がっていくわけですが、神道に目覚めるきっかけはどういうものでしたか。おじいさまやおばあさまの信心深さがベースにあったと伺いましたが、現在の活動に繋がる直接のきっかけを知りたいです。

相川　亡くなりましたが、春日大社宮司《かすがたいしゃぐうじ》だった葉室頼昭《はむろよりあき》さんが書かれた『〈神道《しんとう》〉のこころ』という本があるんです。私は二十代前半でイギリスに留学した時、ホストファミリーからこの本をプレゼントしてもらったんですね。

白駒　えっ、ホストファミリーから神道の本を？

相川　そうなんです。「英語も大事だけど、母国語も大事にしなさい。これはいい本だから」と。その時、もちろん神社もお祭りもすでに大好きでしたから帰りの飛行機で軽い気持ちで読み始めたんですけど、感動して涙が止まらなくなっちゃって、「この葉室宮司という人に会いたい」と思ったんです。それで、たまたまテレビで会いたい人を訪ねていくという企画があって、そこで初めて葉室さんとお会いしたんです。

　私は葉室さんから神道観や大和《やまと》言葉を直接教えてもらいました。この『〈神道〉のこころ』という本に出合っていなかったら、二十年後に國學院大學に入学することも本当になかったと思います。

白駒　お忙しい七瀬さんにとって通信教育という選択もあったと思いますが、実際にキャンパスに通い学ばれていますね。

相川　通信も考えました。その頃の私は神社と地域を繋ぐ町づくりに既に関わっていましたので、國學院大學に限らず社会学系の学部に入ることもありかなと思っていました。だけど、四年間通うなら自分が本当に納得するものを選びたかったし、楽しくなかったら続けていけない。ドンピシャのところに行きたいと思ってやはり國學院に決めました。その前の年に既に高卒認定試験には合格していたので、デビュー二十五周年を迎えた二〇二〇年、四十五歳の時に大学に入学したんです。

白駒　少し私のことをお話しさせていただくと、七瀬さんが葉室宮司の本を通して神道に目覚められたように、私にも日本の素晴らしさを教えてくれた価値ある一冊の本があります。それが東洋思想家・境《さかい》野《の》勝悟《かつのり》先生の『日本のこころの教育』（致知出版社）です。この本によって私は初めて、自分が日本人になれたという気がしたんですね。

　この本には日本という国名の由来や、お父さん、お母さんの語源、日本の国旗がなぜ日の丸なのか、国歌がなぜ『君が代』なのか、そして私たち日本人がなぜ「こんにちは」「さようなら」と挨拶を交わすのかが書かれていて、一つ一つのお話に、心が震えたんです。それまでの私は『君が代』が和歌ということすら知りませんでした。しかも、その元歌が『古《こ》今《きん》和《わ》歌《か》集《しゅう》』に収められた敬愛する男性に向けた恋の歌であり、「私の愛する人の命がいついつまでも長く続きますように。どうかお健《すこ》やかでありますように」という祈りが込められていることを知った時、美しく温かいものが胸にこみ上げてきました。

　境野先生の本に出逢い、日本人が日常の暮らしの中で培《つちか》ってきた美しい心や文化に触れたこと、それを広く伝えたいと思ったことが、私の原点でもあります。

子育ては細く長く

白駒　七瀬さんは音楽活動をしながら大学に通い、なおかつ家庭を営み、子育てを続けられていらっしゃるわけですが、それがどれだけ大変だったことか。日々どんなことを心懸けていらしたのですか。

相川　一日は二十四時間しかないので、この限られた時間を、子育てと仕事と学業の三つにどのように割《さ》くかがいまも大変です。特に学部の最初の二年間はコマ数も多いですからね。ただある意味ラッキーだったのは、ちょうどコロナ禍《か》で、大学の授業が一年半すべてオンラインだったんです。私としては、仕事もセーブして学問に集中するつもりが、コロナ禍でライブ活動が止まってしまった。ですので、結果的に子どもたちのこともちゃんと見ながら、勉強をしっかりできたという贅沢《ぜいたく》な時間でした。

一方で体調管理はすごく大変でした。決して若くはないし、徹夜で勉強をすると二、三日間具合が悪くなっちゃう。そこで超朝型に切り替えて勉強するというように、工夫してやってきました。

子どもたちと共に赤米の田植えをする相川さん
©有限会社ファウンテン

白駒　私が素晴らしいと感じるのは、七瀬さんはどんなに忙しくされていても、三人のお子さんをとても大切にされていて、「きょうはこの子と外出」というように一人ひとりときちんと向き合っていらっしゃることです。

相川　うちの子はそれぞれ六歳くらい年が離れていて、趣味も悩みも違いますから、一人ひとりと向き合うことは意識してきました。もちろん家族一緒に遊びに出かけることも多いんですけど、別々に話を聞いたほうがいいと思う時には努めてそのようにしてきました。まぁ男の子なんかそのうちに寄りつかなくなりますけどね（笑）。

白駒　でも、この間、十七歳になられる二男さんが一緒にライブに出られていたじゃないですか。ファンの間では大人気ですよね。お聞きしたところでは、音楽だけでなく絵のほうでも才能を発揮されて大きな賞を受けられたとか。

相川　二男はもともと苦手だったんです。幼稚園でも「息子さんだけが象の絵が描けなくて泣いています。絵を習わせてあげてください」と言われたことがありました。そこで絵画を習わせてみたところ、とても独創的な絵を描くようになりました。高校一年生の時には全国的な賞をいただくことができて、細く長く続けることの大切さを教えられました。

白駒　細く長く。本当にその通りですね。でも私には、なかなかそれができませんでした。週二回フィギュアスケートを習っていた娘に「やるんだったら毎日やりなさい。その中途半端なところをなんとかしなさい」と叱《しか》ったら「やめる」って（笑）。考えてみたら、子育てそのものが本来、細く長く続けるものなのかもしれませんね。

相川　そうだと思います。でないと息切れしちゃうじゃないですか。細く長くだと親も息切れしないし、子どもたちも圧迫を感じることがない。もっとも、私も一人目の時はなかなかそんなことを考える余裕はありませんでしたけど（笑）。

白駒　「子どもたちの好きを摘まない」「細く長く」の他に、何か子育てで心掛けてこられたことはありますか。

相川　うーん、何でしょうね。子どもの変化に気づく自分でありたいとはいつも思っていました。ちょっときょうは元気がないなとか。そこに気づくために子どもたちとの関係性を近くしておくのはとても大事だと思っています。映画を観に行くとかお茶を飲みに行くとか、何気ない時に一緒に出かけるのも、そのためなんですね。子どもからの何気ないサインを見逃したくない。だから、子どもとのそういう時間を面倒くさがらないということは大切だと思います。最近は、子どもたちが成長してきて、逆に私が面倒を見られていますが（笑）。

白駒　そうですよね。子どもって経験値がないだけで、精神性は高いですものね。

相川　子どもたちに教えられることは本当に多くて、だから、結局私たちも子どもに育てられているんですね。

白駒　育児は育自だと私は思っています。子どもというのは私にとって歪《いびつ》な鏡だなといつも感じているんです。親の長所を半分、短所を倍にしたのが子どもの姿じゃないかと。子どもという存在があるから自分自身と向き合える。自分自身と向き合うからこそ、成長するんですよね。

歌は神様からの授かりもの

白駒　私は七瀬さんが神道を学ばれるようになってから、歌も大きく変化したと感じています。特に『中今《なかいま》』というアルバムは、日本文化の発信者である七瀬さんの世界観が伝わってくるので、私は大好きなのですが、こういう歌詞は自然と湧き上がってくるのですか。

相川　これは書こうとしても書けないんです。閃《ひらめ》きというか、自分の知らない深みから流れ出してくるような感覚で。たくさん書きたいけど量産できない。先日の大学の卒業式の時、さだまさしさんがサプライズのゲストで登場されてこうおっしゃったんですね。

「僕はシンガー・ソングライターとしてこれまでたくさんの歌をつくってきたけど、歌っていうものは授かりものなんだよ。歌はすべて神様からいただいたものだと僕は思っている。与えてもらった時にそれをきちんと形にできるのが本当の音楽家なのかもしれない」と。

白駒　自分が書いているけれども、自分が書いていないような不思議な感覚なのでしょうね、きっと。

相川　神様からいただいたもの。さださんのこのメッセージに私、本当に感動しちゃって……。私自身も神様からもらっているなと思う経験はあるのですが、それ以上に与えてもらった時にそれを感受して言葉に変化することができる心であり続けなければ詩、曲も書けないのだと、さださんの言葉で考えさせられました。

他の二十代の大学生たちも、さださんの話を聞いて感動していました。

白駒　若い世代の感性、素晴らしいですものね。

相川　私にはもともと織田哲郎さんから与えてもらったロックというものがあります。でも一方で、ここ十年以上積み重ねてきた『中今』の世界観というものがあって、これは自分でプロデュースしてやりたいと思った自分の音楽なんですね。ロック歌手の自分というものと、神道を音楽として表現したいと思う自分。この相反するような感覚を何十年も抱き続けてきたんですけど、間もなく五十歳を迎えるいま、この二つがだいぶ近づいてきていて、還暦を迎える頃にはきれいに交差するのではないか、そうなれば私はもっと音楽上で自由になれるのではないかと思っています。

　私はアーティストというより、歌手なんですね。だから歌を通して何かを伝えていく役割があるのだと信じたいと思っています。

手間隙を惜しんではいけない

相川　私には葉室さんの本とは別に、神道を本格的に学びたいと思うようになったもう一つのきっかけがあって、それは二〇一二年八月に長崎県の対馬《つしま》で開催されたイベントに参加した時、美しく風に揺れる赤い稲穂《いなほ》に出合ったことでした。この出合いも私の人生を大きく変えたと思っています。

白駒　七瀬さんはいま、対馬など全国三か所で赤米神事継承活動で大使という役目もお務めになっていますね。その活動を通して日本の伝統文化を伝えようとされている。

相川　ええ。赤米は稲の原種とされていて、その栽培と神事がまだ列島の中に三か所だけ残っている。このような大切な伝統を守っていくこともまた私に課せられた役目と思っているんです。

最初は対馬で赤米を耕作している人が一人しかいないと聞いて、何かお手伝いできることはないだろうか、という気持ちで申し出たのが活動のきっかけでした。対馬市からは赤米諮問《しもん》大使という役割をいただいて、赤米のことをいろいろと調べていたら、鹿児島県南種子町《みなみたねちょう》や岡山県総社市《そうじゃし》でも赤米神事が伝承されていることが分かりました。

　驚いたのは、その価値が地元でも知られていなかったことです。この三つの地域で赤米を守るお手伝いをすることで当初は「芸能人が来て、マスコミが多くなって困る」という空気もありましたけど、何回か通ううちに神事の後の直会《なおらい》に誘っていただけるようになって徐々に受け入れてもらえるようになったんです。

白駒　七瀬さんが外側にいる方だからこそ生まれた発想ですし、そういう立ち位

親としては手放すことができずにお節介してしまうわけだけど、寄り添い発想を変えて見守っていったら、少し気持ちが楽になって、そこからまた違うステージで向き合えるのではないかと思うんです
相川

置だから三つの町を繋ぐ役割を果たすことができるのだと思います。

相川　私が対馬で赤米に出合った二〇一二年は東日本大震災の翌年なんです。大震災を通して私は自分の音楽や人生、あるいは母親としてのあり方までこのままでいいのかと、とても悩みました。年齢的にも三十歳半ばを過ぎていて、歌を聴いていた人も親世代になっていく。子育ての悩みを身近な人に打ち明けられないファンの方から、ファンレターで相談を受けるようにもなっていました。「子どもを育てるお母さんたちに元気になってもらいたい」「この子育て世代に何かを伝えていく社会活動はできないか」とずっと考えていたんです。

その頃、長男が通っていた学校が一年を通して稲作体験をやっていて、私も同じ地域で稲作を始めてみました。すると「きょうの暑さは大変だった」とか「雨が降ってきちゃって」とか、何気ない話で会話が弾んで、同じ作業をすることで家族の絆《きずな》を深める場になると気づいたんです。赤米に出合ったのはまさにそういう時で「自分がやりたいのは赤米の稲作を伝承していくことだ」と運命を感じました。

白駒　すごいタイミングですよね。

相川　対馬や総社、種子島で、地域のお子さんや小学校を巻き込んで共に地域の歴史や文化を考えていく。そうすれば社会貢献として一生関わっていけると考えたのがいまの活動です。

でも、難しいなと思うのは、小学生の児童と毎年田植えをするじゃないですか。「機械があるのになぜ手で植えなきゃいけないの」と言われるんですよ（笑）。そんな彼らに、来年もやりたいと思ってもらえるには、まず泥を触ることやみんなで協力して何かを育てるワクワク感、そこに毎日食べるお米、稲があるという日本文化は面白いな、楽しいな、と思ってもらわなきゃいけない。それこそ大人の責任としてどう工夫すべきなのか、日下奮闘中です。

白駒　いま何かにつけて無駄を省く、という考え方が浸透していますよね。タイパ（タイムパフォーマンス）という言葉も流行《はや》っていますが、私は本来、無駄なことは何一つないんじゃないかと思っています。逆に「すべての経験を生かそう」という気持ちで生きていたら、本当に無駄を省けるのではないかと。田植えに限らず、私たち大人が何事も手間隙《てまひま》を惜しむことなく、楽しんでやっていたら、子どもたちは面白がって自然についてきてくれるのかもしれません。

相川　おっしゃる通り、時間や経済の効率ばかり重視して、手間隙をかけることを忘れると、人間らしさが削られてしまう気がしますね。例えば、お年を召した方がお元気かなと思ったら、面倒がらずにお便りすべきだと思います。私はどんな状況においても必ず手紙を書くようにしています。いまは電話やメールなどが

ありますが、お便りほど心を打つものはありません。ペンを執るひと手間の中にある思いやりは、受け取った人をきっと喜ばせますよね。

手放すとは形を変えて寄り添うこと

白駒　きょうは七瀬さんに様々な貴重なお話を伺ってきましたが、私が特に心に残ったのが「人生のどん底にチャンスがある」という言葉でした。そのことを『母』を通して全国のお母さん方に伝えたいなって、改めて感じています。

　私も若い頃はいろいろな人と自分を比較して落ち込んだりしていました。けれども、大病という人生のどん底と思えるところから講演活動など新たな自分のステージが始まったことに気づいた時、誰とも比較する必要はないし、自分に与えられた環境や経験を信じていいんだと思えたのです。それらを信じることで過去への感謝が生まれ、そこから未来への希望が湧き起こってくることを、私自身の経験からもお伝えできたらと思います。

　そしてもう一つ、『母』の読者に伝えたいのは、日常の中で育まれた日本文化を伝えられるのは、誰よりも子育て中のお母さんだということです。身近な箸《はし》の使い方からでもいいと思うんです。お母さんたちには自分が文化の継承者だということをぜひ自覚していただきたいですね。

相川　妃登美さんがおっしゃる通りですね。私が子育てをやってきて思うのは、人生において何かを手放すというのはすごく難しいことのように思えるけれども、本当はそうではないということなんです。手放すとはゼロにすることではなく実は、形を変えて寄り添うことだからです。だから怖がる必要はない。

　子どもが反抗期を迎える。それって親から自立していくというサインじゃないですか。親としては手放すことができずにどうしてもお節介してしまうわけだけど、寄り添い、発想を変えて見守っていったら、少し気持ちが楽になって、互いの心にも余裕が生まれて、そこからまた違うステージで向き合えるのではないかと思うんです。私が子育て中のお母さんたちに何か伝えるとしたらそのことですね。

白駒　七瀬さんも来年、音楽活動三十周年の節目を迎えられますね。今年四月からは大学院に進んで民俗学を研究されていてお忙しい毎日だと思いますが、これからのご活躍を心から応援しています。

相川　ありがとうございます。二十五周年の時、織田さんとツアーで全国を回ったんですが、あいにくコロナの真っ最中だったために会場の皆で声が出せませんでした。ロックのライブなのに声が出せないというもどかしいツアーをやりましたので、三十周年はぜひ声を出せるコンサートで盛り上げていきたいですね。

　と同時に、神道や祭祀《さいし》の研究、赤米の伝承などの活動を通して、未来の子どもたちによき日本を残せるよう力を尽くしていきたいと思っています。

子どもと声に出して読みたい『実語教《じつごきょう》』

平安・鎌倉期に成立し、江戸時代には寺子屋の教科書として使われた『実語教』。

人間が生きる上での大切な知恵が簡潔な言葉で書かれてあり、日本人の間で長く読み継がれてきました。

親子で声に出して読み、宝石のような日本語を味わってみましょう。

富《とみ》は是《これ》一生《いっしょう》の財《たから》、
身《み》滅《めっ》すれば即《すなわ》ち共《とも》に滅《めっ》す。
智《ち》は是《これ》万代《ばんだい》の財《たから》、
命《いのち》終《おわ》れば即《すなわ》ち随《したが》って行《ゆ》く。

山高《やまたか》きが故《ゆえ》に貴《たっと》からず。
樹《き》有《あ》るを以《もっ》て貴《たっと》しとす。
人肥《ひとこえ》たるが故《ゆえ》に貴《たっと》からず。
智《ち》有《あ》るを以《もっ》て貴《たっと》しとす。

玉《たま》磨《みが》かざれば光《ひかり》無《な》し。

光《ひかり》無《な》きを石瓦《いしかわら》とす。

人学《ひとまな》ばざれば智《ち》無《な》し。

智《ち》無《な》きを愚人《ぐじん》とす。

師《し》に会《あ》うといえども
学《まな》ばざれば、徒《いたずら》に市人《いちびと》に向《むか》うが如《ごと》し。

※市人＝普通の人

富《と》むといえども
貧《まず》しきを忘《わす》るることなかれ。
貴《たっと》しといえども
賤《いや》しきを忘《わす》るることなかれ。
あるいは始《はじ》めは富《と》みて終《おわ》り貧《まず》しく、
あるいは先《さき》に貴《たっと》くして後《のち》に賤《いや》し。

己《おの》が身《み》を達《たっ》せんと欲《ほっ》する者《もの》は、
先《ま》ず他人《たにん》を達《たっ》せしめよ。
他人《たにん》の愁《うれ》いを見《み》ては、
即《すなわ》ち自《みずか》ら共《とも》に患《うれ》うべし。
他人《たにん》の喜《よろこ》びを聞《き》いては、
即《すなわ》ち自《みずか》ら共《とも》に悦《よろこ》ぶべし。

老《お》いたるを敬《うやま》うは父母《ふぼ》の如《ごと》し。
幼《いとけなき》を愛《あい》するは子弟《してい》の如《ごと》し。
我《われ》他人《たにん》を敬《うやま》えば、
他人《たにん》また我《われ》を敬《うやま》う。
己人《おのれひと》の親《おや》を敬《うやま》えば、
人《ひと》また己《おの》が親《おや》を敬《うやま》う。

美しい日本語が子どもの人生を創る

小泉敏男

東京いずみ幼稚園 園長

こいずみ・としお

昭和27年東京都生まれ。小学4年生から中学3年生までを対象として運営していた小泉補習塾を経て、51年父・小泉孝義と共にいずみ幼稚園を創設、副園長に就任。石井式漢字教育、ミュージックステップ音感教育、屋内温水プールの設置など、当時としては画期的なプログラムを次々と導入。平成7年に園長に就任。16年には第13回音楽教育振興賞を幼児教育界で初めて受賞。著書に『東京いずみ幼稚園式 美しい日本語が、心の強い子を育てる』（宝島社）がある。

子どもたちの国語力をぐんぐん伸ばす独自のカリキュラムで、入園希望者が絶えない東京いずみ幼稚園。同園の子どもたちは、なぜ大人でも難しい古典・漢文をすらすら読んでしまうのでしょうか。創設者の小泉敏男氏に、同園での取り組みと共に、親子で実践できる国語力向上メソッドを教えていただきました。

国語力が人生の土台となる

——小泉さんが創設し、現在園長を務める東京いずみ幼稚園（東京都足立区）では、三〜四歳の子どもたちが難解な古文や漢文をすらすら読んでしまうなど、国語教育に力を入れているそうですね。

小泉　学生時代から自宅で小さな塾を運営していた私が大学卒業後、自営業の父の協力を得て当園を設立したのは四十九年前になります。でも最初は何の特徴もない普通の幼稚園だったんですよ。

　初年度こそ必死に子育て中の家庭を回って何とか新入園児を集めることができたのですが、翌年から悪戦苦闘で……。

　これはどうにかしなくてはいけないということで、当時、幼稚園では珍しかった屋内温水プールをつくって水泳をカリキュラムに加えたり、試行錯誤を重ねていったのですが、その中で出逢ったのが教育者・石井勲《いさお》先生の実践から生み出された石井式漢字教育だったんですね。

——石井式漢字教育との出逢いが、国語教育に力を入れるきっかけになった。

小泉　そもそも私が国語（漢字）教育に関心を持ったのは、学習塾を運営していた時、成績が振るわない子は国語力が低いことを痛感したからなのです。

　例えば、本当に勉強が苦手で成績がすべて1の中学生の生徒がいたのですが、専門学校に入る際に必要な志望動機を書かせてみたところ、ピクリとも鉛筆が動かず、一文字も書けない。もちろん、意志や意欲の問題もあるでしょうが、人間は頭の中にある言葉で考えます。それが出てこないというのは、その子は国語力、語彙《ごい》力が決定的に不足しているわけですね。当然、それだと相手の言っていることも理解できず、書いていることも正確に読み取れないし、進学も就職も不利になる。つまり、国語力の弱さは生きる力の弱さに繋《つな》がってしまうのです。

——国語力がすべての土台なのですね。

小泉　それで石井先生が、他の動物とは違って人間が人間たる所以《ゆえん》は言葉を操《あやつ》ることができることだ、言葉を豊かにすることが人間の教育の基本だとおっしゃっていて、ああ、そうだなと自分の実体験と重なったわけです。

　そして何より、石井先生に直接お話を伺う機会があった時に、「（石井式漢字教育では）知的障害のある人でも本が読めます」と断言されたこと。その実践によって、小さな子どもたちが漢字仮名まじりの本をすらすら読んでいる光景を目の当たりにしたことで、当園でも石井式を導入することを決めたんです。

ひらがなよりも漢字のほうが易しい？

——石井式漢字教育とは、具体的にはどのような教育方法なのですか。

小泉　ごく簡潔に述べれば、「大人が普通に読んでいる文章を子どもにも読ませてあげましょう」ということですよ。

　それは文章に限らず、音楽でも絵画でも運動でもそうだと思います。できる限り一流のものに触れてインプットしてあげれば、それだけ子どもの脳はいい刺激を受けて発達していくんですね。

　ですから、石井式では「読み先習」（文字を書くのはしっかり読めるようになった後）で、漢字仮名まじりの本をどんどん読ませます。読み仮名は一切つけないし、漢文も基本は白文《はくぶん》です。

それから、「漢字はひらがなより易《やさ》しい」ということです。これは本当にその通りで、漢字は子どもたちにとっては絵みたいなものなんですね。例えば、「川」であれば実際に川が流れている光景が浮かびます。漢字は文字自体に意味を含んでいますから、寿司屋の湯呑《ゆのみ》のように魚偏の漢字ばかりを集めれば、子どもでも「魚の仲間だな」とすぐに分かり、パズルのように喜んで「鯛《たい》」「鰹《かつお》」「鰯《いわし》」といった漢字も覚えてしまいます。

また、日本語には同音異義語がたくさんあります。例えば、「はしのはしをはしをもってあるく」よりも、「橋の端を箸を持って歩く」と読ませたほうが、当然読みやすいし、理解し易《やす》いはずです。

――確かにおっしゃる通りですね。

小泉　にも拘《かかわ》らず、漢字は難しいと言ってひらがなばかり読ませているのが現在の日本の国語教育の実態です。それではいつまで経っても、子どもたちの国語力は養われていかないのは当然ですよ。

古典・漢文に触れると家庭での言動が変わってくる

――実際に石井式漢字教育を導入してみて、効果はいかがでしたか。

小泉　嬉しい事例はいくらでもありますが、石井式漢字教育を導入して以降、当園では下足箱や制服、体操着につける名前、ロッカー、クラス名に至るまですべて漢字表記にしたのですが、入園したばかりの子どもでも、最初から自分の下足箱にすっと靴を入れるんです。

また、「読み先習」に従い、まず先生が読むのを繰り返し聴かせ、次に「皆で一緒にやりましょう」と、音読しながら指でなぞっていくのですが、そのうちに文字と耳で聞いた言葉が一致して自然に文章が読めるようになっていきました。

あと、諺《ことわざ》も俳句も百人一首も、まずは週に二つ、三つずつ先生が「先読み」で読み上げていきます。子どもたちは一週間もすれば覚えてしまい、二週目は子どもたちの前に諺や俳句が書かれたカードを示し、「はい!」と言うだけで、皆で声を揃《そろ》えて読めるようになるんです。

――子どもの可能性はすごいですね。

小泉　実は石井式を導入する際、職員からも親御さんからも「幼児に漢字なんて!」と反対の声が上がったんです。ところが、二か月後に授業参観を行った時に、わが子が漢字表記の下足箱に自分の靴をすっと入れる、古文や漢文をすらすら読んでいる光景を見て、反対の声はパタリとなくなってしまいました（笑）。

――子どもたちの嬉しい変化が、何より

の説得材料になったわけですね。

小泉　要するに、親御さんにとって宝物であるわが子が立派に育ってほしい、賢い子になってほしいという願いが目に見える形で満たされるということが、一番大切なんですよ。

あと、園で日常的に古文や漢文、諺などに触れるようになると、家庭での言動にも変化が出てくるんです。

例えば、日常生活の中で起こったことに対して、お子さんが「論より証拠だね」という諺をパッと言ったと、嬉しそうに報告してくださる親御さんもいました。

また、これは関西に引っ越しをした卒園生ですが、車窓から遠くに移る淡路島を眺めて、百人一首にある「淡路島　かよふ千鳥《ちどり》の鳴く声に　幾夜《いくよ》寝覚めぬ　須磨《すま》の関守《せきもり》」という和歌を口ずさんだと、親御さんから驚きの声が寄せられたこともありました。

ですから、たとえ意味が分からないとしてもよい文、美しい言葉を幼い頃にインプットしておけば、何かのタイミングで再び出合った時に「そうだったのか！」と、自分の人生を支える力、教養になるんですね。

先人たちがよいものとして受け継いできた文化、価値あるものは何であれ子どもたちと共有する、これも石井先生から学んだ教育者としての姿勢です。

親が手本になって本に親しむ習慣をつくる

――誰もが貴園に通うことができればよいのですが、そうはいきません。家庭や日常の中で実践できる子どもの国語力を養う方法や習慣はございますか。

小泉　まず親御さんに伝えているのは、古典や漢文に入る前に○歳、一歳の頃から文字に親しむ、絵本に親しむ習慣を親子で身につけることです。

言葉の分からない○歳や一歳の子に本は早いんじゃないかと思われるかもしれませんが、そんなことはないんですよ。親と一緒に本を開いて絵を眺める、そして子どもが興味を示せば、それを褒《ほ》めてあげる。それを繰り返していくと、自然に本に親しむ習慣ができます。

そして三歳、四歳になってきたら、少し長い文章や絵本、あるいは古典の一節などの読み聞かせに入っていく。この時に大事なのは、やはり演技でもいいから、親御さんが「お母さん、この言葉や俳句がとても好きなのよ」などと、ニコニコ楽しそうに本を読む姿を子どもに見せることです。

無理やり本を読ませようとしたり、勉強させようという気持ちでいると、幼い子どもほど反発して読書や古典が嫌いになってしまいます。親御さんが手本となって、本が自然に好きになるように仕

人間は頭の中にある言葉で考えます。国語力の弱さは生きる力の弱さに繋がってしまうのです

向けることが非常に大事です。特に大好きなお母さんが楽しそうに実践していることは、子どもも興味を持つんですよ。

また、いまの絵本はほとんどひらがなで書かれていますから、それを漢字仮名まじりに直してもらう、という取り組みも当園では推奨しています。

とにかく本でも何でも「子ども向け」というものはない。子どもには無理だろうというのは大人の勝手な思い込みです。

幼児期には徹底して褒めて育てる

――子どもの国語力を高めるには、親の姿勢が重要なのですね。

小泉　あと、古典や漢文への入り口としては、一文一文が短く日本語のリズムも優れている諺や俳句、年長くらいになれば『百人一首』の「カルタ遊び」がものすごく有効です。

特に俳句は、「古池や　蛙《かわず》飛び込む　水の音」（松尾芭蕉《ばしょう》）、「雪解けて　村いっぱいの　子供かな」（小林一茶）など、リズムがよいだけでなく、日本語の響きとしても美しく、日常生活の中で目に触れる光景やイメージが凝縮されて表現されていますから、子どもたちも興味を持ちやすいんですよ。

具体的には、いくつかの俳句や諺カードを選び、親御さんが読み上げ、それをお子さんがうまく取れたら「すごいね！」と褒めてあげる。ここでのポイントも「できた」「できない」を確かめたり、強く叱《しか》ったりしないこと。先ほどの本を無理やり読ませようとしないことにも通じますが、幼児期に強く叱ったり、間違いを指摘したりすると、それがコンプレックスになって後の人生に影響すると考えるからです。幼児期には何事もゲーム感覚で楽しくやる。そうすれば、子どもたちは諺でも俳句でもどんどん吸収していきます。

当園でも、とにかくできたことに対しては徹底的に褒めてあげることを教育方針としていますし、これはもう幼児期の子育ての鉄則だと思いますね。

――幼児期には褒めて伸ばすことが大事。

小泉　幼児期のよいところは、遊びと学びの区別がないこと。だから、日々の生活の隙間《すきま》に親子で面白がってできる学びの要素を入れていくのがうまい子育てだよ、と親御さんたちによく伝えています。

例えば、わが家では、廊下やトイレに『論語』の言葉や漢詩の一節を貼っていました（笑）。それで子どもがトイレに行くたびに、「貼ってある言葉を読んで、お父さん、お母さんに教えて」と言うわけです。うまく覚えていたら、また思いっきり褒めてあげる。これもゲームの要素を入れることで、子どもたちは喜んでやってくれました。

また、家族内発表会も親御さんたちに勧めています。

――家族内発表会。どんなことをするのですか。

小泉　各家庭で、一週間ごとに古典の文章を音読するなど課題を決めてもらいましてね。それをお子さんに練習してもらって、家族が揃《そろ》う金曜日の夜に、お父さん、お母さんの前で発表してもらうんです。で、うまくできたら全力で褒めてあげる。この発表会が楽しみで、毎週一所懸命に古典を音読するというお子さんもいらっしゃいました。

国語力が養われるだけではなく、家族の絆も深まりますし、ぜひ皆さんも実践してみてください。

国際化の時代だからこそしっかりした国語教育を

——家庭で実践できるものばかりで、とても勉強になりました。

小泉　これまで四十年以上、多くの子どもたちに向き合ってきましたが、病気などの事情を除いて、ほとんどの子が漢字仮名まじりの絵本、古典や漢文を諳《そら》んじてすらすら読めるようになりました。

子どもたちの心身の成長に適《かな》った「適時教育」を実践すれば、できない子は一人もいないというのが私の実感ですね。

また、先にも述べましたが、「幼児は心身共に未熟で何もできないのが当たり前」という認識も、大人の決めつけに過ぎないことを当園の園児の姿から教えられました。

——学びの環境さえ整えれば、子どもの可能性は無限大だということですね。

小泉　最後に子育て世代の方々に伝えたいことは、国際化がどんどん進んでいる時代だからこそ、お子さんにはしっかりした日本語、美しい言葉を身につけさせていただきたいということです。

世界に出れば、ますます深く物事を考え、自分の考えや思いを伝えていくことが求められるでしょう。その思考力の土台は、言うまでもなく母語である日本語です。また、海外の人に日本のことを聞かれた時に、自然に古典の言葉や詩句が出てくるような人は、やはり「自国の文化を大事にしているんですね」と心から尊敬されるでしょう。

——しっかりした国語力、美しい日本語が現代社会を生き抜く力になると。

小泉　そして「日本人とは何だ」ということは、美しい日本語も含めて、先人たちが伝えてきてくれた古典の中にすべて凝縮されているんですよ。

にも拘らず、これは当園の卒業生が実際に嘆いていたことですが、いまの学校教育では古典が単なる受験のための勉強になってしまっていて、まるで外国語を学ぶように、重箱の隅をつつくような文法ばかり勉強させられている。これでは古典は面白くないと。そうではなく、古典を通して日本人が大切にしてきた美意識や価値観、先人の知恵に学ぶ素養を身につけるのが古典教育の本質です。

ですから当園としても、子どもたちの国語力の向上、古典教育にますます力を入れていきたいですし、ぜひ各家庭でも親子で読書、先人たちが残した美しい言葉、名文に親しんでいただきたい。

その家庭での実践、父母の力が、子どもたちの人生、さらには日本の明るい未来を創っていくのですから。

親子で読もう

自分は自分の主人公
世界でただひとりの自分を創っていく責任者

東《とう》井《い》義雄／教育者

〝教育界の国宝〟と称えられ、その生涯を教育に捧げた東井義雄先生。多くの子どもたちの人間的価値を引き出し、心に光を灯し続けられました。東井先生が子どもたちに向けて語った不朽の名講話録『自分を育てるのは自分』より、心に響くお話をご紹介します。

「たい」の奴隷

皆さんの人生はこれからはじまるわけですが、これからはじまる人生を、どんな人生に仕上げていくか。ちょうど中学生の皆さんの時にはね、いろんな欲望《よくぼう》や衝動《しょうどう》が込み上げてくる。だから、ある中学校の生徒さんにもいいました。バカにならんようにしようと思ったらな、あんたらのまわりには、こんなのがいっぱい泳いどる。へたくそな鯛《たい》の絵を黒板に

三匹かきました。

　私は何でもへたくそで、絵は特にへたくそで、鰯《いわし》に見えるか、めだかに見えるかしらんけどな、これ鯛のつもりじゃ。皆さん鯛にはどんな種類があるか知ってますか。一番こちらの鯛は何という鯛かというと、「もうちょっと寝とりたい」という鯛。その次の鯛は何という鯛か、「もうちょっとテレビが見たい」という鯛。その次の鯛は「もうちょっとマンガが読みたい」という鯛。

　近頃、日本も豊かになって、鯛が異常繁殖《いじょうはんしょく》やって、その上お父さんお母さん方が、皆さんをかわいがるつもりで一生懸命に鯛の餌《えさ》やりしてくださるので、知らんまに鯛が大きくなって、かんじんの主人公を食べてしまいよる。

　姫路の幼い子どもを殺した中学生は、あの子やっつけてやりたいという「たい」にやられた子。うちの近くの先生殺した少年は、あの先生やっつけてやりたいという「たい」にやられた子。皆さんも、いろんな「たい」を持っていると思いますが、どうか「たい」の奴隷《どれい》にならんようにしてくださいね。

＊　＊　＊

「たい」の奴隷にならんようにしようと思ったら、どんな力を大事にしなきゃあならんか。すばらしい可能性を生かすためにはね、「たい」に負けんよう、自律《じりつ》の力をどうつけるかということを、頑張ってくださいね。

　この自律の力がどれだけついたか。自分で自分を評価して、一番ようわかるのは、皆さんがテレビに対してどうしているかということ。

　埼玉県の中学生に尋《たず》ねました。一番たくさんテレビを見てるのは、学校から帰って四時間。これはテレビの奴隷です。テレビのスイッチは見るためにもついているが、消すためにもついている。主人公であるなら見るためにもスイッチが押せるが、どんなに心を引かれても、自分の大事な問題のためなら、パシッとスイッチを切るためにもスイッチを押さなきゃあ主人公じゃありません。奴隷です。

　皆さんはどちらですか。主人公になってますか、奴隷ですか。すばらしい可能性を引き出そうとしたら、主人公になってください。

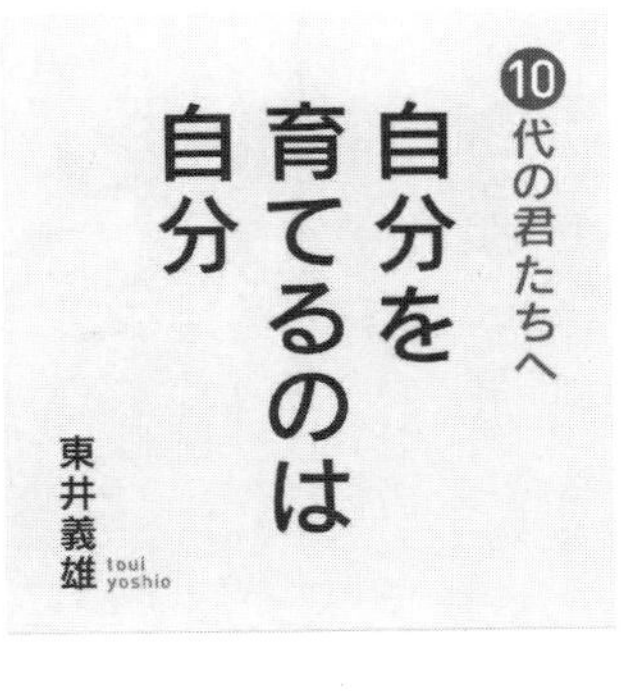

自分が自分の主人公。
自分を立派に育てていく責任者。

『自分を育てるのは自分』
東井義雄・著　定価＝1,320円（税込）

汚れなかった点数

　このことは、私は学校の子だけではなくて、家の三人の子についても、やかましゅういうてきました。みんな私に似て、あんまりできのええ子はおりませんが。一番大きいのが女の子で、高等学校。出石《いずし》高校というのに入れました。山奥ですから家から通えません。寄宿舎《きしゅくしゃ》に入れました。土曜日になると家に帰って来る。日曜日に学校へ帰っていく。学校に帰っていったと思ったら、手紙をよこしました。お金の無心《むしん》にしてはえらい早いなと封を切ってみましたら、

「今日、数学の答案を返していただきました。私の予想していたよりいい点がついており六十点です」

　六十点ぐらいもらって自慢《じまん》そうに手紙で報告してくるなんてと思って読んでいきますと、

「よく見ると、間違っているのが当たったのにしてあります。それでいい点がついていたのです」

　ますますあかんやないかい。

「私はどうしようかと思いました。だって、先生にそれをいえば、六十点としてもいい点でないのに、それからまた二十点も引かれてしまいます。六十点から二十点引かれることは、私にとって本当に辛《つら》いことです。

　でも私は思い切って先生に申し出ました。先生ははじめ、この点で間違ってないと強くおっしゃっていましたが、私がくわしく説明すると、ほんとだねといって四十点と直してくださいました。そして、正直だとおっしゃいました。私はパッと顔が赤くなるのを感じました。だって私は、ずいぶんこのまま、黙っていようかと思ったんですもの。しかし、もうちょっとで二十点どころではない、汚れた点を私の人生に付けてしまうところでした。

　お父様、お母様のおかげで、間違いを犯《おか》さないですみました。お父様、お母様も、きっと喜んでくださることと思います」

　うれしかったですね。百点取ってくれたよりうれしかったですね。

「自分で自分の人生を汚《よご》すことだけは、どうにかしないで済みました」

　と、胸を張って報告している娘が、うれしかったですね。皆さんのお父さんお母さんもやっぱりそうだと思うんです。どうか皆さんが、自分で自分をダメにするような子になってほしゅうないというのが、一番の強い願いじゃないでしょうか。そして、仏様もやっぱりそれを願ってくださっているんですね。

［第二章］

母の力

①
子どもを育てる喜びや楽しさを一人でも多くの人に伝えたい
木戸道子
日本赤十字社医療センター第一産婦人科部長

②
幸せに生きる言葉の力
木村まさ子

日本赤十字社
医療センター
第一産婦人科部長

木戸道子

きど・みちこ
医師・医学博士。埼玉県生まれ。昭和63年東京大学医学部卒業。東京大学医学部附属病院分院、長野赤十字病院等を経て平成14年より日本赤十字社医療センター勤務。3人の息子を育てながら産婦人科医として第一線で働いてきた立場から、審議会等で働き方改革や女性医師支援に関わっている。著書に『ワーキングマザーのすすめ』（悠飛社）など。

子どもを育てる喜びや楽しさを一人でも多くの人に伝えたい

「子育てをすることで、もう一度子ども時代に立ち戻って、生活を豊かに楽しむことができました」

そう笑顔で語るのが、産婦人科医として働く傍ら三児を育てた木戸道子さん。

多忙な日々の中、いかに仕事と子育てを両立させてこられたのでしょうか。

これまで多数のお産に立ち会う中での気づきと共に、
子どもを産み、育てる一大事業の意義についてお話しいただきました。

子育ては辛いものではなく、楽しくクリエイティブなもの

——以前、月刊『致知』の取材でお話を伺った際、産婦人科医として、また三人のお子様を育てあげられた経験から、子育ては本当に楽しく喜びに溢《あふ》れたものだと話されたことが大変印象的でした。

木戸　そうなんです。世間では子育ては辛《つら》い、お金がかかるといったマイナスなイメージばかりが発信されがちですが、子どもを育てるって実は楽しく、幸せなことがたくさんあります。

　私自身は子育てのおかげで人生が豊かになり、子育ては人生を豊かにしてくれるとてもクリエイティブなものだと考えています。全《まった》く何もないところから命が宿り、十月十日《とつきとおか》かけてゆっくり育《はぐく》んで生まれ、次世代を担う人材へと育て上げていく。本当にかけがえのない営みです。

　子どもがいるからこそ得られる喜びや楽しさというのも、多くの親が日々感じるところです。そういった子育てのポジティブな面をもっと国を挙げて発信していくべきだと思っています。

　今年の出生数の速報値を見ると、前年比で四～五％も減っています。去年の出生数が日本人だけで七十二万六千人で、外国人も含めて七十五万人だったので、このままのペースでいくと今年は六十万人台に落ち込む恐れもあります。

　当院はわが国でも分娩《ぶんべん》数が多いほうで、年間出生数は二〇一七年頃は三千三百件を超えていました。ところがコロナ禍《か》で激減し、いまは二千件を割っています。コロナが収束の兆《きざ》しを見せても出生数は全く戻る傾向がありません。お産が減って病院経営が成り立たなくなり、分娩の取り扱いを止めてしまう医療機関も出ていますし、人口減少により消滅自治体が出るとも危惧《きぐ》されています。少子化は産科だけでなく国にとっても非常に深刻な問題です。

——それほど危機的な状況に。

木戸　一つの病院や一人の力だけで出生率を増やすことは到底無理ですが、少なくとも当院とご縁のあった方には満足できる妊娠・出産をサポートできるように心掛けています。当院は元々自然分娩、母乳育児という主体的で自然な営みを支援する方針ですが、最近は無痛分娩のニーズも高まっているので、ご希望にできるだけ対応しています。陣痛がどのくらい辛いのか分からないのは不安ですし、それが理由で子どもを産まないのはもったいない。少しでもそうした不安を和《やわ》らげることが大切だと思っています。

　一人目のお産が辛ければ、二人目が欲しいとなかなか思わなくなってしまうかもしれません。一つひとつのお産が安全で快適にできる環境づくりが巡り巡って出生数の増加に繋《つな》がると思います。それと、子どもが一人だけの時より複数のほうが大変と思われがちですが、複数いるほうが上の子が下の子を見てくれて子育てが楽なことも実はあるものです。「one more baby」といって、もう一人子どもを産みたいと思えるための環境づくりや情報発信も大切ではないでしょうか。

子育ては人生をもう一度楽しませてくれるもの

——とても重要な取り組みですね。

木戸　もともとお母さんというのは思い

がけない底力を持っているんです。初めは数ミリ程度の大きさの小さな命を、週数を重ねるごとに大きく育て、出産に至る。そのために母体には様々な変化が起こります。そして産んだ後も母乳が分泌《ぶんぴつ》されてくるなど様々な変化があります。また、子どもを産むことで〝わが子の未来のために〞という視点が加わり、社会問題にも関心が高まりやすくなるのではないでしょうか。

——それこそ『母』の今年号のテーマでもある「母の力」ですね。

木戸　女性は母になることで目に見えない底力が培《つちか》われるのかもしれません。

　私が息子を預けていた保育園では「育ち合い」を方針として掲げていましたけど、実際子どもから学ぶことはいろいろありますし、保育園の先生や他の保護者の方々など多くの方との関わりの中で教わることも多く、子育てというのは本当に親の成長にも繋がる貴重な機会です。

　私自身は子どもを持たなかったら、気づかずに通り過ぎてしまっただろうなと思うことがいろいろありました。子どもってこういう目で見ていたなとハッとすることもありましたし、朝顔を育てたり文化祭など学校行事に参加したりする度《たび》に、自分の子ども時代を思い出しながらもう一回、人生を振り返って辿《たど》る楽しみがあるような気がしています。あぁ運動会って玉入れがあったなとか、私の時はこうだったなとか。それが三人いれば三回楽しめる。子どもの人数分、得をしたようなものです（笑）。

——素晴らしい発想ですね。

木戸　ＰＴＡの仕事が負担、教育費が大変だとかマイナス面がよく強調されますけど、あまり根詰めて思い悩まず、それはそれで楽しもうという考え方もあります。どうせやらなければならないことなら、負担に思わせずにむしろその親子にとってプラスになるように制度設計していく。それが本当の意味での子育て支援だと思っています。

家庭と仕事を両立させるために

——とはいえ、三人のお子さんの子育てと仕事の両立は大変だったかと思います。

木戸　そうですね（笑）。ただ、子育てだけをしていても、仕事だけをしていても、煮詰まってしまったと思うので、逆に家庭と仕事、両方あったことがよかったですね。仕事で疲れていても保育園に迎えに行って子どもの笑顔を見た瞬間、その疲れを忘れられ、逆に家で嫌なことがあっても仕事で忙しくしていると忘れてしまう。

　かつてはもっと男性優位社会で、いまではアウトなようなこともいろいろと経験してきました。それでもその悔しさをバネに、無我夢中に仕事を続けてこられたと前向きに考えています。一人目と二人目の時は研究職だったのである程度融《ゆう》通《づう》がききましたが、三人目を産んだ時が一番大変でしたね。私が育休を取得すれば後の人が取りやすいと考え育休を取得し、二〇〇二年、子どもたちが〇歳、六歳、九歳の時に当院に異動しました。

　いまみたいに働き方改革の取り組みはない時代で、当直はいわゆるシフト制ではなかったので、当直がある日は朝出勤してから一日中働き、翌夕まで勤務して三十二時間後にやっと解放される。三十二時間サイクルの当直を月八回担当できることが常勤に復帰する条件だったので、もう必死で働きましたよ。

　そのためにはやむなく相当の保育費用をかけました。夫も医師で夜勤がある仕事でしたから、交代で子どもを見ながら、二人が無理な時間はベビーシッターをフルで活用して。幸い子どもたちは比較的健康で、すくすく育ってくれたので助かりましたけど、保育園代とベビーシッター代が大きな負担になったこともあって、経済的に見れば働きに出ることでむしろマイナスな月もありました。

――それでも仕事を続けられた。

木戸　そうですね。そこは妥協できないなって。いままで頑張ってきたこのやりがいのある仕事を諦《あきら》めたくないという思いもありましたし、社会に貢献できる大好きな仕事ですので、仕事を辞めるという選択肢はありませんでした。

――単にお金を稼ぐために働いているわけではないと。

木戸　そう。生まれ変わってももう一度産婦人科医になりたいと思うくらいこの仕事が大好きで、この道を選んでよかったと思っています。もちろん、大変なことも少なくありませんでしたが、トータルで見るとあの時期に頑張ったからキャリアを継続できたと思います。子どもたちの教育にもそれなりに投資することができました。

　あともう一つすごく重要だと思うのが、社会人としての背中を見せられたこと。責任を持って頑張る姿を息子たちに見せ続けられたことは、教育的な効果があったと自分なりに思っています。

――後ろ姿で語ると。当直があり子どもと過ごす時間が限られていた中で、どのようなことを大切にされていましたか。

木戸　これでよいのかと思い悩むことはもちろんありました。でも、できるだけ短時間でも子どもと向き合う時間を大切にすればいいと言い聞かせていました。時間の長さではなくその密度のほうが大事だなと。長く一緒にいてもイライラして子どもに当たってしまえば逆効果で、私はむしろ少ない時間だったからこそ、最大限可愛がってあげるように自分を納得させ、心掛けてきたように思います。もちろん、時にはイライラして当たったりすることもありましたが（笑）。

　子どもが三人いると三人一緒にまとめて対応したくなるものですが、それぞれ一人ひとりに向き合う時間を必ずつくるようにも心掛けていました。あなたをすごく大切に思っている、というメッセー

子どもを産んで育てるって、本当に幸せなことです。一人でも多くの方にその喜びを味わっていただきたい。人生が本当に豊かになりますよ

ジもできるだけ送るようにしていました。たとえば夜寝る前には川の字になって、きょう何があったかを家族で共有し、離れている時間を少しでも埋められるよう時間をつくっていました。

何よりも、その子育ての経験が仕事にも役立つこともあります。部下指導ではなるべく一人ひとりに向き合って声を掛けるようになりましたし、思うようにいかないことがあっても、辛く当たらずに少し長い目で見守るなど、親身に心掛けるようになりました。

子育てに込めた祈りや願い

——ご自身の子育てに関して思い出に残っていることはありますか？

木戸　いろいろありますけど、自分が無理して抱え込まなくてもよいと感じた一つの出来事として、子どもたちが水泳教室をサボっていた事件というのがあります（笑）。一番下の子の育休の時です。息子たちは毎週スイミングに通っていたはずなのに、「もう半年以上来ていませんが、どうされましたか」と教室から電話が掛かってきてもうびっくり。よくよく聞いてみたら、二人でその間遊んでいたみたいなんです。きっと普段家にいない私がずっといるものだから、気詰まりだったのかもしれませんね。

シッターさんに頼めば確実に教室に連れて行き、終われば連れて帰ってきてくれるし、そのほうがスイミングも上達するかもしれないと思い直して、育休期間を切り上げて八か月で職場復帰しました。

一番下の子の年齢が少し離れているので、その子の運動会には上二人が保護者の代わりに一緒に走ってくれたりして、兄弟三人で逞《たくま》しく育ってくれましたね。

——反抗期などはなかったですか？

木戸　意外となかったですね。夫も私も忙しくしていたので、反抗していたら食べさせてもらえなくなると思ったのかもしれない（笑）。それによほど悪いことをしない限り、厳しく怒ることもなかったですね。

——小学生の時など、お子さんが悪いことをしてしまう、なんてこともなかったですか？

兄たちが保護者代わりとなり参加した弟の保育園の運動会。写真はベビーシッターが撮影

木戸　そうですね、特にはなかったです。私の知らないところでやんちゃしていたかもしれないですけど（笑）、男の子は言わないから分からない。

——先生自身が忙しくしていたことが逆

によかったのかもしれないですね。

木戸　知らぬが仏かもしれない（笑）。それに自分の仕事という打ち込めるものがあったので、わが子に自分の夢を押しつけたり、過度な期待をしたりもあまりなかったかもしれません。「君たちは自分の好きな道を進みなさい」と言っていたので、子どもたちにとっても肩の荷が軽かったのかもしれないですね。

また、習い事では水泳、算盤《そろばん》、バイオリン、ピアノなどそれぞれがやってみたいと思うものに通わせていました。家族で時間を見つけて、休日はいろんなところに連れて行きました。ザリガニを捕まえに行ったり、電車が好きだったので交通博物館に連れて行ったり。もう五十回以上行きました。子どもがいなかったら絶対に行かなかったところですけど、芸の肥《こ》やしというか、そのおかげで患者さんのお子さんと会話が弾んで、やっぱり子育ての経験も仕事に役立つこともあるんだとしみじみ感じています。

勉強に関しては、時間がない中でわりあい見ていたほうだと思います。たとえば、中学受験の時になかなか成績が振るわない時期などは、塾の連絡帳の保護者のメッセージを書く欄には可能な範囲で応援メッセージを書いていました。いま見返すと、書けていないページも多いですが。子どもはお母さんに褒められる時が一番嬉しいですので、コメントを書く時はなるべくできているところを褒めるようにしていました。

――男の子三人だと、特に中高時代は食べ盛りでご苦労もあったかと思います。

木戸　もう運動部のマネージャーみたいでしたね。宅配で食材を頼んでいても足りなくって、買い物には二泊三日分の旅行用カートを持って行っていました。山盛りの買い物かごを見て、私のいるレジの後ろには誰も並ばない（笑）。

あの頃は朝五時に起きて三段弁当と朝ごはんをつくって、六時には家を出る息子たちを見送ってから出勤する。結構修業でしたね。

でもそれもポジティブシンキングで乗り切りました。お弁当のおかずが彩りよく並べられたら満足し、たまにはメッセージカードを入れてあげたりと、日常の中の小さな幸せを意識していました。男の子なのでストレートに喜びを表すことはありませんでしたが、いまは毎年誕生日プレゼントをくれるんです。

――親のありがたみというのは、大きくなってから感じるものですからね。

木戸　私の願いとして、子どもたちには自分のことだけを考えるのでなく、社会に対して何か貢献できる人に育ってほしいと思っていました。いまそれぞれ成人し、一番上は地球環境問題に関心を持ち、

子どもが三人いると三人まとめて対応したくなるものですが、一人ひとりに向き合う時間を必ずつくるよう心掛けていました

気候変動の研究者をしています。二人目は医学部に入り、ちょうどコロナ禍で呼吸器内科の先生が活躍していたのを見たせいかどうか、いま呼吸器内科医になっています。三番目は宇宙物理学の研究者を目指して大学院で勉強しています。
　ようやく子育ても卒業かとホッとしていますが、皆それぞれ好きな道に進み、これ以上嬉しいことはありませんね。

子どものおかげで人生がより豊かになる

——お話を伺っていると、仕事も子育ても両方全力で打ち込まれていらっしゃいますね。先生ご自身のモットーや信条はございますか？

木戸　やりたいことはあまり我慢しないようにしています。一度きりの人生ですから自分のやりたいことを諦めず、仕事も全力で頑張りましたし、子育てもなるべく前向きに楽しむようにして、子どもたちにもたくさんのメッセージを伝えてきたつもりです。
　子どもが生まれると生活のすべてが子ども中心になって、自分のやりたかったことを後回しにして、我慢してしまうお母さんが多いと思います。確かに子育て中は私も自分の時間なんてなかったです。仕事以外の時間はとにかく子どもが最優先で、自分自身に時間やお金を使うことは少なかったように思います。でも、それも一時期のもので、子どもが高校生くらいになると、やっとゆとりができて自分自身をケアできるようになりました。
　私は子育ても仕事も、三つの力が必要だと思います。気力・体力・胆力《たんりょく》、この三つで、心身共に健康で過ごせることが何よりも重要な根っこだと思います。子育ては言わずもがな、産婦人科医の仕事も吸引や鉗子《かんし》などの器械を扱ったり、出血を押さえたり、腕力が必要なので体力が衰えないようジムに通って体を鍛えています。最近は声の老化を防ぐためボイストレーニングもしていて、マイクが要らないくらいに鍛えています。それも楽しみながらチャレンジしているので、義務に感じないようにしています。

——どういう心持ちでいるか、ですね。

木戸　そう。それから繰り返しになりますが、仕事と家庭という両方の居場所があったので、どちらかが居づらくても逃げ場があった。たぶんどちらか一つだったら、煮詰まってしまったと思います。もちろん、仕事と家庭のバランスは人によって異なりますから、ご自身のライフスタイルに一番合う形を見つけてほしいですね。

——いま子育て中の親御さんやこれから子どもを考えている世代の方々に向けて、メッセージをお願いします。

木戸　「案ずるより産むがやすし」という諺《ことわざ》がありますよね。頭でっかちに考えると一歩を踏み出せなくなるので、あまり考えすぎずに楽しむつもりでトライしてみる。子育ても同じで、大変そう、自分の時間が無くなるなどネガティブなことばかり深く考えすぎずに一歩踏み出してみると、案外そこには楽しい世界が広がっているかもしれません。
　それはこれまで何千件というお産に立ち会い、初めて赤ちゃんに対面した時のお母さんたちの表情、生まれてくる赤ちゃんたちがもたらす未来への希望、生命力を見守ってきて実感していることです。

当然、育児は楽しいことばかりではありませんが、一つオススメしたいのが子育て日記をつけること。特に生まれたばかりの乳児期に、寝顔を見てふと感じたこと、夜泣きに悩まされたこと、初めて笑った日のことなど、ひと言でもよいのでメモしておくと、後で見返した時に赤ちゃんと過ごした時期の様々な思いが蘇《よみがえ》ってくると思います。生意気盛りの息子にババアなんて言われた時には、この日記を見返して振り上げていた拳《こぶし》を下げるんです（笑）。生まれた時はこんなにいとおしく思い、心を込めて可愛がっていた時期もあったんだなぁと（笑）。

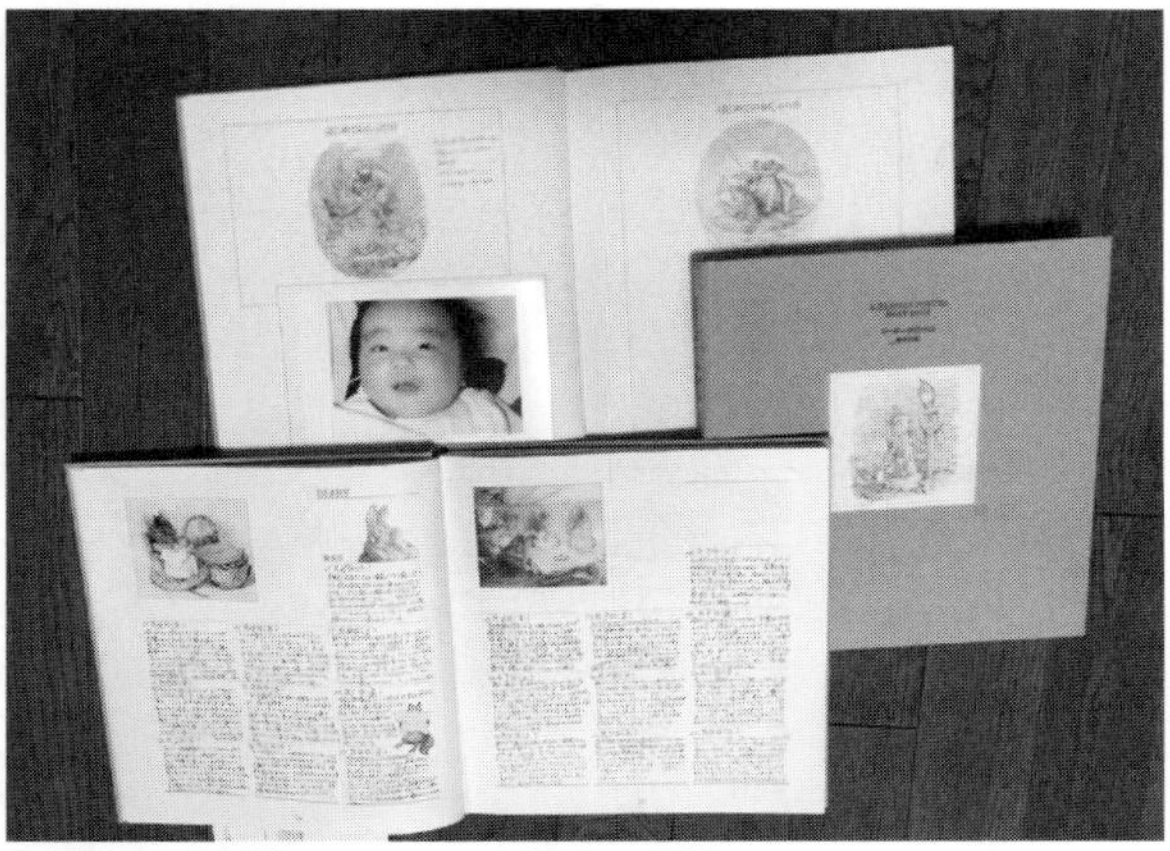
木戸さんが実際につけていた子育て日記

――本当に、子どもはあっという間に成長しますからね。

木戸　ええ。私は愛情を持って人を育てる経験は命を大切にすることに繋がると思っています。子どもや孫など将来を担う世代のために、自分が亡くなった先の未来までよりよい世界にしたいと願うじゃないですか。いまも戦争が続いている地域がありますが、大袈裟《おおげさ》に言えば皆が子育てに関わること（もちろん自分の子だけでなく地域の子どもたちの育ちに関わることも含む）により、命の尊さを実感し、次世代が暮らしやすい社会のあり方に想いを馳《は》せることが、ひいては世界平和にまで繋がっていくと思うのです。

人間の誕生は本当に奇跡のようなことで、子どもとの関わり方次第で人生は豊かになります。その分、親になる覚悟、親になる責任もありますが、それは母親一人が抱え込むべきことではなく夫婦、家族、社会、皆で担うべきことだと思うので、皆が幸せに子育てができる社会の実現に向けて、子育て支援金など経済的側面に止まらず、幅広い課題に取り組むことが少子化対策に必要だと思います。

子どもを育てるって、巷《ちまた》で言われるほど辛く、大変なことばかりではありません。先が見えない不安や、追い詰められるような気持ちになったとしても、子どものふとした言動に心が和《なご》まされることもあります。自分の心の奥にある子どもへの思いに気づくことで、また前を向いて歩いていくことができます。

そうした日々の積み重ねの中で子どもは一人で歩けるようになり、自分でできることが増え、ふと振り返ると目覚ましく成長していることに気づきます。それはかけがえのない大きな喜びです。

子どもの育ちに関わるすべての人が不安から解放され、喜びと誇りを持って子どもと共に未来を拓いていける社会であってほしい。心からそう願っています。

念ずれば花ひらく

――母がいつも口ずさんでいた言葉

坂村真民《しんみん》／仏教詩人

「念ずれば花ひらく」の詩で知られる仏教詩人・坂村真民氏。その詩碑は全国各地に建立されています。氏の原点とも言えるこの八文字に母が込めた想いとは――。『致知』一九八七年八月号に収録された記事の一部を再録します。

愚痴の代わりに

――「念ずれば花ひらく」というのは、先生のお母さんがよく口にされていた言葉ですね。

そうです。私の父が四十の厄《やく》を越えきらず幼い五人の子を残して亡くなった時、母は三十六歳でした。長男の私が八歳です。それから、母の悪戦苦闘の歴史が始まるんです。父は小学校の校長をしていましたが、何の不自由もない生活から、いっぺんにどん底に落ちてしまい、すべてが急変しました。

家も小さな家に移って、間もなく、母の母が来ましてね。「上の三人はどこかにやるか奉公に出すかせよ。下の二人の子どもだけを連れて帰ってこい」と強く、母に迫った。私はあの晩の異様な空気を忘れることはできませんね。しかし、十二時を過ぎ、一時になっても母は「はい」と言わなかった。それで、私たちは母の翼の中で生きてゆける身となったんです。

——偉いお母さんだったんですね。

普通の女の人だったら、母親の言葉に従ったと思いますね。何の蓄《たくわ》えもなく、女手一つで五人の子を育ててゆけるものじゃありませんから。

しかし、それから七十二歳で亡くなるまで、母の一生は多事多難の連続でした。その母が苦しい時、いつも口にしていたのが、「念ずれば花ひらく」です。

これは、母の念仏といってもいい。自己激励の言葉であり、五人の子たちを育て上げようとする悲願の念誦《ねんじゅ》だったと思います。

——それを先生は、『愚痴の代わりに——母が口ずさんでいた八字十音の真言《しんごん》』と、詩に書かれていますね。

念ずれば
花ひらく
苦しいとき
母がいつも口にしていた
このことばを
わたしもいつのころからか
となえるようになった
そうして
そのたび
わたしの花が
ふしぎと
ひとつ
ひとつ
ひらいていった

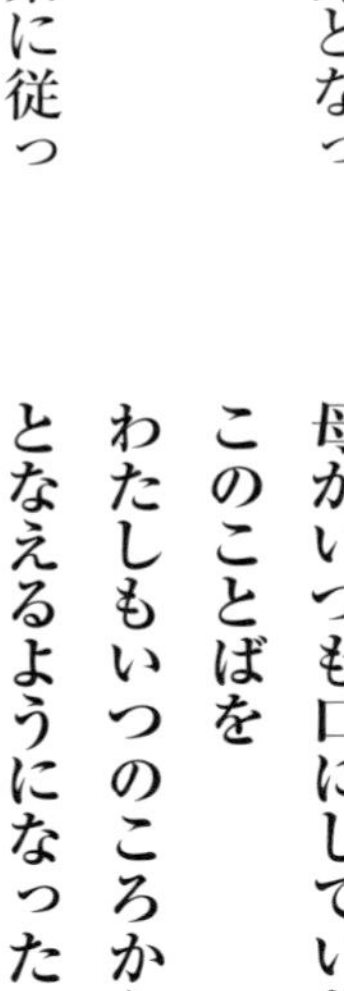

母の名前はタネといったんです。私が自分の居るところをたんぽぽ堂と名づけているのは、この野草の生命力を、我が生命力としてあやかりたいからということと同時に、この八字十音の真言をたんぽぽの種のように飛ばして、一人でも多くの人に念誦していただき、幸せの花を咲かせてもらいたいと思っているからです。

私の詩は風とともに消え去っても、この母

の八字十音の真言は、たんぽぽが地上に存在する限り、残ってゆくと思います。

もっとも美しかった母

——先生の詩はその意味ではお母さんとの合作みたいなものですね。

その通りです。私が詩を書くのは、母の大恩を思うたび、詩に精進《しょうじん》することによって、少しでも恩を返したいからです。

母に関して、私にはいまだに忘れられない夢のような美しい思い出があります。それは、まだ幼い私をおんぶした母が、田んぼの中にある共同墓地に行き、「乳が多くて」「乳が出すぎて」といいながら、乳も飲めずに死んでいった童男、童女の墓石に白い乳をしぼってはかけ、しぼってはかけて拝《おが》んでいる姿です。

体格のよかった母は、私の妹に飲ませて、なお余りあるほど乳が出ていたんでしょうね。本当にたらちねの母という言葉通りの大きい乳でした。

——それは先生がおいくつくらいの時ですか。

四歳くらいです。私はいまでも、その墓地で、おふくろが乳をかけ回っている姿がはっきり浮かんできます。「これはなあ、乳も飲まんで死んでいった子よ。だから、乳を飲ませてあげるのよ」と言うて。

——その姿が四歳の先生の心に焼きついたわけですね。

ええ。私は、母がよう四歳の私を連れていってくれたと思うんです。私が今日信仰をしっかりと持つことができたのは、深く掘り下げていくと、ここに行き着く。

だから、私は若い母親たちに必ず、言うん

です。こういうことは見たことも聞いたこともないだろうが、しなさいや、と。そしたら、子どもが見とる。それだけ見せたら、あと、しつけも何も要《い》らん、と。だから、幼い子に何を刻みつけてくれるかということ、三つ子の魂の中に、何を注《そそ》ぎ込んだかということです。

——先生は、そのお母さんの姿を詩になさっていますね。一部紹介しますと、

そういう母の思い出のなかで
わたしが今も忘れないのは
乳が出すぎて
乳が張りすぎてと言いながら
よく乳も飲まずに
亡くなった村びとの
幼い子たちの小さい墓に
乳をしぼっては注ぎしぼっては注ぎ
念仏をとなえていた母の
美しい姿である
若い母の大きな乳房から出る
乳汁《ちちじる》が
夕日に染まって
それはなんとも言えない絵のような
美しい母の姿であった

母との最後は「木葉《このは》」という小さな駅で、私を見送ってくれた時です。その時はこれが最後とは思ってもいませんでしたが、汽車が来るまでベンチに一緒に腰をかけてた私たちの前に、老夫婦が腰かけてました。

私は四国に帰ったら、当分来れないから、いろんな話をしよったら、母が私をつつくんです。「黙っとれ、向かいの夫婦の話を聞くんだ」と。それは、その老夫婦が、娘が離婚されて帰ってくる。その辛《つら》さを二人で話しよるんですね。そういう人たちの話、世の中のいろんな人の苦しみ悩みに耳を傾けるんだ、と。しんみり聞いとくんや、と。これも、おふくろが私に最後に示した教えです。大慈大《だいじだい》悲《ひ》というのはこれだと思いましたね。そういうおふくろは、やっぱり偉いなあと思いましたね。

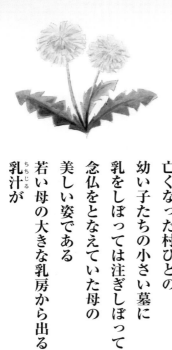

幸せに生きる言葉の力

「言の葉語り」として全国各地で講演活動を展開する木村まさ子さん。子育てや食育の体験を通して語る「言葉の力」「幸せに生きるヒント」には、多くの人々が感銘を受けているといいます。次男はアメフト元日本代表でファッションデザイナー。長男は誰もが知る芸能人。木村さんはいかにして二人のご子息を育ててこられたのでしょうか。そこには「母と子のあり方」のヒントが詰まっています。

木村まさ子

きむら・まさこ
昭和25年東京都生まれ。20歳の時に結婚し、22歳で長男・拓哉さんを、29歳で次男・俊作さんを出産。現在は「言の葉語り」として講演で全国を回り、朗読会にも力を注いでいる。子供の心に届く言葉を親が語りかけることや自尊心を育むことがいかに大切かを伝えている。NPO法人「エフ・フィールド」理事として、「いのちの授業」の活動にも協力。著書に『古くて新しい奇跡の言葉』『いただきます』（青春出版社）『育みはぐくまれ』（グラフ社）など。

自分自身にどんな言葉を掛けるか

私の名刺には「言《こと》の葉《は》語り」と書いていますが、講演をさせていただくようになってもう二十三年が経ちます。多い時には月に二十回くらい登壇の機会がありました。私は大学にも行っていません。二十歳で結婚し、二十二歳で母になりました。ですから、人前でお話しさせていただく時は、「皆さんと一緒の立場です」という意味を込めて、基本的に壇上から降りるんです。

会場の皆さんのお顔や反応、空気を感じ取りながら、私が二人の息子の子育てと自然食レストランの経営を通じて体験してきたことや、いろいろな方から教わった知恵や言葉を自分の肚《はら》に落とした上でお伝えするよう心懸けてきました。

　また、「こうしたら子供の教育にいいですよ」ということよりも、「まず母親であるあなた自身ですよね」ということに気づいていただくことが大切だと考えています。お子さんを褒めるとか家族にありがとうの気持ちを伝えるとか、そういうことはよく言われていますし、実践されている方は少なくないでしょう。

　でも、自分自身に対して「ありがとう」「よく辛抱《しんぼう》できたね」「偉かったよ」といった言葉を掛けていますかって、講演でよく投げ掛けるんです。すると、涙を流される方が実に多くいらっしゃいます。それだけ日々頑張っている自分のことを誇りに思いましょう、認めてあげてくださいとメッセージを送っています。

　言葉には力があり、自分の発する言葉が自分の細胞にどれだけ影響を与えているか。使う言葉を大切にするということは自身を大切にすることに繋《つな》がっているのです。

大いなるものに生かされている

　かく言う私も、自己肯定感の低い時がありました。私は昭和二十五年の生まれです。当時はいまと違って、結婚して嫁に入ったら「いつでも遊びに来ていいが、二度と帰ってくるな」と父に言われる時代でした。それだけの覚悟を持て、という意味だったと思います。

　また、嫁いだらその家の色に染まるというのが当たり前で、「私はこう思う」と軽々しく言えない時代でした。夫は猛烈社員で、朝早くから夜遅くまで仕事で家にいない。対等に話し合う時間がない。それを仕方ないと愚痴《ぐち》一つ言わずに受け入れていたものの、もやもやしたものが拭《ぬぐ》いきれない。私の性格というか、私の魂が「それじゃないだろう」と言っているように感じるわけです。

　葛藤《かっとう》を抱えて仕事を続けるうちに腸炎を患《わずら》うなど体調が悪化していきました。

　そんなある日、友人に誘われて、がんや難病の治療を専門にしている水上治《みずかみおさむ》先生という方の講演を聴きに伺いました。

　いろいろなお話の中で、「人のため、夫のためにがんになる必要はないんです」という言葉がズシリと心に響きました。先生がそう表現するというのは、身近な人に対する不平不満が重なったり、自分の気持ちを素直に伝えられなかったりすることが病に繋がっているのかなと漠然と思いました。

　それからというもの、「自分を大事にするとはどういうことか」について意識が向かっていくようになり、同時に不思議なことに、出逢う方々や入ってくる情報がどんどん変わっていきました。

　これまで自分のことを一番後回しにしてきたけれども、まず自分自身を認めて大切にし、自分で自分を愛する、慈《いつく》しむ。例えば、きょうも朝、目が覚めて生きていること。寝ている間も肺が呼吸をし、心臓が血液を送り、細胞が働き続けているのは、自ら意識的に行っているわけではありません。そのようなことを重ねてみた時に、私たちは大いなるものに生かされている。本当にありがたいなと気づくようになったのです。

そうやって自分の身体や存在に「ありがとう」や「嬉しい」や「大好き」といった言葉掛けをしているうちに、自分自身が喜ぶのはもちろんのこと、私に命を繋いでくれたご先祖様が一番喜んでくれるんじゃないかと思い、ものすごく生きる力をいただきました。

「僕、いじめやめます」ある小学生に起きた心の変化

一人の人間が生まれるには二人の両親がいる。その両親にもそれぞれ二人ずつ両親がいる。十代で千二十四人。二十代では百四万八千五百七十六人、三十代前に遡《さかのぼ》ると十億人を超える数字になります。

その間、飢饉《ききん》や疫病《えきびょう》、戦争もあった中で生き延びてきたご先祖様がいてくださったおかげさまで、自分の命が繋がっている。これは本当に奇跡のような素晴らしいことだと思います。

以前、ある小学校の生徒さんに向けてこの話と「いただきます」の話をしたことがあります。草場一壽《かずひさ》さんの『いのちのまつり』という絵本を見せながら、「これだけたくさんのご先祖様がいてくださったおかげさまで、いまのあなたがいるの。そのご先祖様たちは何を嬉しいと思うのかしら。きっとみんなが元気で楽しくて笑顔でいることを願っているんじゃないかな」と伝えると、皆真剣な顔をして聴き入ってくれました。

終わった後、校長先生が「木村さんにお礼を言いたい人は手を挙げて」と言うと、数人がパッと挙手しました。「もう給食を残しません」「好き嫌いも言いません」と順番に答える中、ある男の子が面倒くさそうに立ち上がり、下を向いて「僕、いじめやめます」と言ったんです。

私は「えっ」とびっくりしましたが、校長先生や後ろにおられる先生方、教育委員会の方々が涙を流しておられました。それで私は状況を察知し、「いまあなたは言わされたんじゃない。自分から言ってくれたのね、ありがとう。じゃあ男の約束。お願いね」と言ったら、「うん」としっかり頷《うなず》いてくれました。「皆さんの感想も、いまのお友達のお話も、とても嬉しいです。ありがとう」と伝えると、本当に嬉しそうでした。先生方もその子のいじめに手を焼いていて、どう指導したらいいのか、その日の職員会議でちょうど話し合ったばかりだったといいます。

連綿《れんめん》たる命の繋がりやご先祖様の思いを感じ取った時、大人も子供もそれぞれ心の琴線《きんせん》に触れるものがあるということを強く感じました。

「いただきます」は命に対する感謝の思い

変化が激しく、慌ただしい世の中だからこそ、私は丁寧に生きることが大切だと常々感じています。丁寧に生きるとは、ただゆっくり過ごすという意味ではありません。何事もメリハリをつけて心に余裕を持って生活することです。

例えば食事の時に、何も言わずにいきなり頬張《ほおば》るのではなく、「いただきます」と言う。ところが最近は、給食費を払っているのだから、あるいは自分で料理をしたのだから、「いただきます」なんて言わなくていいと主張する若い方もいま

す。「じゃあ、あなたは食材をつくれるの？」「それは農家の人がつくるでしょ」「いや、農家の人もつくってないのよ」。こう言うとキョトンとするので、「ちょっと聞いて」と言ってさらに続けます。「農家の人は土を耕して作物が育つように畝《うね》をつくって種を蒔《ま》く。人間にできるのはそこまでよ。あとは大地の中にいる微生物、雨や風、そして太陽、すべては自然が育ててくれているの。それをいただかなければ、私たちは生きていけない。だから、関わってくださった人にはもちろん、自然や地球に対しても感謝の思いを持たないと申し訳ないんじゃない？」

　こういうお話をすると、若い方も親身になって聴いてくれます。もう一つそこに付け加えているのが、できればお箸《はし》をちゃんと箸置きに載せて食卓に並べてほしいということ。お箸より向こう側は命を投げ出してくれた食材たち、こちら側はいただく者、言ってみればお箸はその結界だからです。

　そのことをちょっと心に留めて、ほんの少しだけ背筋を伸ばして手を合わせて頭《こうべ》を垂れるだけで、感謝の思いは伝わりますし、心も穏やかになり、結果として自分を大切にできる。「いただきます」は目に見えない大切な精神性を育《はぐ》んでくれる素晴らしい言葉なのです。

自然の中で息子たちと一緒に楽しく面白く遊んでいた

　長男の拓哉《たくや》の名前ですが、「拓」は自分で自分の人生を切り拓《ひら》いてほしい。「哉」は志賀直哉《しがなおや》さんにあやかり、文学の心を持ってほしいという思いを込めました。

　次男の俊作の名前ですが、「俊」は俊敏な才知を持って、余人にはないものを「作」り上げてほしいという思いを込めました。

　よく「どのように子育てされたんですか」と聞かれますが、実は教育方針などは何もなく、育児書も読まず、私が心地よい、面白い、楽しいと感じるままに過ごしていたように思います。家の近くにある野原や田んぼの畦道《あぜみち》に連れて行き、ただただ一緒に遊んでいました。

　子供は本当に好奇心旺盛《おうせい》で、なかなか飽きません。拓哉が四歳の頃、家の隣に木工所があり、二階から工場のおじさんをジーッと見ている。「何をつくっているんだろう」と。ある日、彼は何を思ったのか、休憩の時に「麦茶」って言うんですよ。「ああ、おじさんにあげるの？」と聞いたら、「うん」って。それで一所懸命持って行って「麦茶、はい」と渡した。そうしたら、「おお坊主、ちょっと待ってな」と言って、その場で小さい剣をつくってくれたんです。ものすごく喜んで、おじさんとも仲良くなっていまし

何より子供にとって大切なのが、お母さんの温もりです。お母さんの瞳の中に、お子さんが映っていますか。お子さんの瞳の中に、お母さんが映っていますか

「苦労は神からの贈り物。これには愛でお返ししなさい」

たが、拓哉はそういう思いやりや行動力のある子でした。

　息子たちは釣りに凝《こ》っていた時期がありました。彼らを送り出した後にお弁当を持って行ったことがあります。

「ちょっと、お母さんに竿《さお》を貸して」と言って、ほんの少しの間垂らしていたら、とても形のいいヘラブナが掛かっていて、思わず声をあげました。私には絶対に釣れないと思っていた息子たちが飛んできて、「スゴイ！　スゴイ！」と。

　そして、釣った魚に「ありがとう」と言いながら元の場所に逃がしている彼らの姿を見て、「こういうことをしているのか」と知りました。

　俊作は野原で遊んでいた時、「お母さん、アリさんのおうちどこ？」と聞くんです。「土の中だよ」と答えると、「土の中ってどこ？」と。「どこだろうね。じゃあ追いかけてみようか」と言って、しゃがみ込んでアリの行列を一緒に眺めていました。そうしたら、地面に穴があって、そこにアリが入っていく。虫取り籠《かご》に土を入れ、アリに引っ越してもらったら、外から見える位置に巣をつくってくれたんです。「ああ、土の中でこうなってるんだね」と私も驚きと発見がありました。

　我が家では、風の強い日は外に遊びに行く時です。土手でカッパを着て両手を広げるとバサバサッとすごい音がする。「飛べるかも」と言って走るんですけど、「お母さん、飛べない」って（笑）。でも「後ろ向きになると風に押されて速く走れるね」と気づいたり。土手に段ボールを持って行って、草滑りもしました。

　息子たちのやることにはどんどん付き合って、高校生くらいまで一緒に遊んでいました。

　いま思い返しても、自然の中で本当に楽しく面白く遊んでいました。ですから、いつも講演の時に「子供さんに関われば関わるほど、それが母親の宝物ですよ」と伝えています。

辛く苦しい経験は肥やし
人生に無駄なことは何一つない

　子育てをする中では、もちろん葛藤もありました。一番辛《つら》かったのはやっぱり愛《いと》おしくてたまらない子供と離れて暮らすようになった時です。自分の元からいなくなってしまうのはすごく寂しいですし、物理的に離れると精神的にも繋がっていないように感じてしまうもの。

　拓哉は芸能活動と学業を両立するため、高校一年生の途中から千葉の我が家を出て都内に住む夫の妹の家で生活することになりました。そのきっかけは悪質ないじめでした。

「俺がやられるだけならまだ我慢できる。でも、友達まで呼び出されてボコボコにされるのを黙って見てるわけにはいかないんだ」という悲痛な叫びに、私は拓哉と一緒に闘い、絶対に彼を守ると覚悟を決めました。

　拓哉がいなくなった途端に家の中が妙に寒々しく感じられ、無意識のうちに拓哉のことを考えてしまう。自分ではちゃんとしているつもりなのですが、ある日小学校三年生の俊作が顔を近づけてきて「お母さん、僕、ここにいるよ」と言ったんです。その瞬間、ハッと我に返って「ああ、ごめん。そうだよね。俊君いるよね。本当にありがとう」って泣きながら抱っこしたことをいまでも鮮明に記憶しています。それくらい心の中にぽっかりと穴が開いていました。

　以来、「執着はしない」「いまこの瞬間を精いっぱい楽しもう」と心に固く誓いました。上皇后陛下・美智子様が浩宮様《ひろのみや》（現在の天皇陛下）をご出産された時、「お預かりし、お育ち申し上げます」とおっしゃっていましたが、そのお言葉が甦《よみがえ》ってきて、たとえ自分が産んだ子供であっても、それは自分の子供じゃない。子供は神様からの預かり物だと捉《とら》えるようになりました。思い返せば、拓哉を出産した時、父にも「子供が三歳になるまでに一生分のお礼をもらってる。だから、三歳を過ぎたら絶対に不平不満を言うな」と説き諭されたものです。

　そういう辛く苦しい経験が私の肥《こ》やしになった、人生に無駄なことなど何一つない、すべての出来事が私を育むために必要なものだったと、いまは心の底から実感しています。

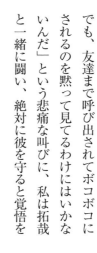

子供にとって一番大切なのは お母さんの温もり

　私が子育てをしていた時代と違って、いまはスマホやタブレットなどの機械に囲まれ、電子音の中で生活をしている。あるいは食事も、インスタントやファストフードなどが溢《あふ》れ、添加物漬けの中で生活をしている。そういう環境に染まって自然から遠のいたら、心も身体も病に罹《かか》ってしまいます。手軽さや便利さの裏側にどんな弊害があるか、疑問を抱くことから始めてみるべきでしょう。

　何より子供にとって一番大切なのが、お母さんの温《ぬく》もりだと思います。お母さんの瞳の中に、お子さんが映っていますか。お子さんの瞳の中に、お母さんが映っていますか。お父さんもまた然《しか》りです。それは決して長さの問題ではありません。温もりはどこから生まれるか。手です。だから、おむすびもコンビニやスーパーで買ってきたり、型に入れてつくるのではなく、不格好でもいいから手で握ってあげてほしい。その温もりや思いはお子さんがおむすびを口に入れる時にきっと伝わります。

波動の高いプラス言葉が幸せに生きる第一歩

嬉しいお話があります。脳は就寝直前の十分間の感情を強く記憶し、睡眠中に何度もその感情を再生するということが、脳科学の研究で明らかになったそうです。細胞は、自分の声が発する言葉を一番素直に聞き、それは潜在意識にも繋がるということです。

褒められるというのは、自分が認められること。大切に想ってもらえているという感情が生まれ、安心感が湧き、穏やかな心になれます。

「きょう一日笑顔でいられて素敵だったよ！」

「忙しい時間をスーパーマンみたいにやりくりして頑張れたね。すごい！」

「おいしくご飯を食べてくれて嬉しい！」

「元気でいてくれてありがとう！」

「きょうも楽しいことがいっぱいあったね。幸せ！」

「（お子さんの名前を呼びながら）だぁーい好き」

お母さん自身にもお子さんにも、嬉しい言葉を掛け合うと、それぞれの細胞に届きます。認め合う満足感と喜び、愛を感じながら眠ると、次の日の朝、嬉しい驚きが待っているかもしれません。

私は息子が巣立ったいまもずっと、夜寝る前に自分に対して言葉掛けを続けています。

人から言われて嬉しいことや感動すること、そういう波動の高いプラスの言葉を自ら発することが幸せな人生を生きる第一歩だと、改めて強調しておきたいと思います。

幸せとは何か――。その答えは一人ひとり違います。お金がないと幸せじゃないと言う人もいれば、たとえ貧しくとも家族が仲良く暮らせれば幸せだと言う人もいるでしょう。

私は、人が笑顔になることが幸せだと思っています。笑顔でいれば、人の話も受け容《い》れることができます。

「聴」の字は、普通は「聴《き》く」と読みますが、「聴《ゆる》す」という読み方もあることをご存じでしょうか。耳を傾けて素直な心で人の話を聴く姿勢は、相手を許して、受け容れることに繋がっていきます。

また、幸せは自分の心が決める、とも感じています。人生で起こる様々な出来事をどう受け止めるかは自分次第であり、その捉え方一つで人生の味わいは全《まった》く変わってくるものです。

「苦労は神からの贈り物。これには愛でお返ししなさい」

これは私が好きなネイティブ・アメリカンの言葉です。この言葉の通り、一見マイナスの出来事がプラスに変わる時が必ず来ると信じ、私たちを取り巻く無数の愛に目を向けて歩み続けることが大切なのではないでしょうか。

「お母さん」「お父さん」という言葉の由来

境野《さかいの》勝悟《かつのり》／東洋思想家

「お母さん」「お父さん」——普段何気なく使っているこの言葉の由来をご存じでしょうか。日本の伝統文化に造詣《ぞうけい》の深い東洋思想家の境野勝悟先生が高校生に向けて行った講演録『日本のこころの教育』より、その語源を紐解きます。

なぜ「おかみさん」と呼ぶのか？

小学生時代、「ただいま」と家に帰ってお母さんがいるときは、僕はいつでも「お母さん、何かないの？」と聞きました。すると、母は「おまえは人の顔さえ見れば食べ物のことばっかり言って、食いしん坊だね。そこに、ほら、芋《いも》があるよ」って言う。そういうときは決まって、きのうふかしたさつま芋が目ざるの中に入っていました。

かかっているふきんを取ると、芋はいつもひゃーッと冷たいんです。だけれども、お母さんのそばで食う芋は不思議に、あたたかかった。これは、もしかすると女性には理解できないかもしれないけれども、男性にはわかってもらえると思います。お母さんや妻が家にいると黙っていても明るいのです。あたたかいのです。それで、わたくしたち男は自分の妻に対して、「日身（カミ）」に「さん」をつけて「日身（カミ）さん」と言ったんです。丁寧なところでは、これに「お」をつけて「お日身（カミ）さん」といったんですよ。

何でしょうか。この「日身(カミ)」という意味は？

実は、「カミ」の「カ」は古い言葉では「カカ」といいました。

もっと古い言葉では「カア、カア」といった。

さらに古い言葉では「カッ、カッ」といったんです。「カカ」「カアカア」「カッカッ」。これがだんだん「カ」の一音となるんですね。

「ミ」というのは「身」で、わたくしたちの身体という意味です。ですから、「日身（カミ）」となると、わたくしたちの身体は「カカ」の身体である、「カアカア」の身体である、「カッ」の身体であるという意味だったのです。

母親は太陽そのもの

では、「カカ」「カアカア」「カッカッ」という音は、古代では一体何を意味したのでしょうか。「カッカッ」というのは、太陽がカッカッと燃えている様子を表す擬態語《ぎたいご》(見た感じを言葉にする）でした。

「カッカッ」とは、実は太陽のことを指したのですね。「カアカア」「カカ」という音も同様です。つまり、わたくしたちの体、わたくしたちの命は太陽の命の身体であるということを、「日身（カミ）」（太陽の身体）といったんです。「カミ」の「カ」に「日」という漢字が当てられているのを見れば、「カ」が太陽のことを意味しているということがよくわかるでしょう。日本の「カミ」は、ゴッドという「神」ではありません。「日身（カミ）」とは、太陽の体、太陽の身体という意味だったのです。

さてそこでお母さんはいつも明るくて、あたたかくて、しかも朝、昼、晩、と食事をつくってくださって、わたくしたちの生命を育ててくださいます。わたくしたちの身体を産んでくださいます。母親というのはわたくしたちを産み、その上わたくしたちを育ててくれます。母親は太陽さんのような恵みの力によってわたくしたちを世話してくれる。母親のありがたさはまさに太陽さんそっくりそのものだということから、母親のことをむかしは「お日身（カミ）さん」といったのです。

子供たちも、この古い言葉の「カカ」をとって、「カカさま」といった。この「カカ」の「カ」が残って、「おかあさん」になったのです。「おかあさん」の「か」は、太陽の「か」だったのです。母のことを、大人の人は「カミさん」、子供たちは「おかあさん」と太陽さんのように尊敬し親しみながら、思いやりの深い、明るい温かい日本人が育ってきたのです。

お父さんは「尊い人」という意味

ついでに、それではなぜ父親のこ

とを「おとうさん」というのでしょうか。

　女性たちは結婚してから思ったのです。夫は、自分や子どものために一所懸命外へ出て働いて、毎日毎日の食糧、生活の糧《かて》を運んでくれる。女性たちに危害を与える賊が来ると追い払ってくれる。「まあ、なんて尊いお方だ。やっぱり、夫も太陽さんのように尊い人だ」と言ったのです。

　この「尊（とうと）い」という言葉から、お父さんのことを「とうと」というようになる。いまでも、石川県の能登半島の真ん中に行くと、父親のことを「とうと」とはっきりいっているんです。歌舞伎のセリフの中でも「カカさま」に対して「トトさま」といいますね。この「尊い」の「ト」が残って「おとうさん」というんです。

　わたくしたち日本人は家庭で母を太陽と呼び、父も太陽のように尊い人と呼んで、日本人の太陽を愛するこころの心棒をつくったんです。今日では、父母のことを「パパ」だとか「ママ」だとかという人が多いようです。「マンマ」というのは万国共通語で食べ物のことをいうんですよ。元は「マータ」だったという語源説もありますけれど、通説では、マンマとは食べ物のことをいうのだそうです。お母さんはいつでも食べ物を与えてくれるのでマンマ。

　お父さんはどうしてパパというのか。「ファータ」という語源説もありますが、通説では、お父さんは広い畑の隅っこで、長い葉巻をパッパとやってるからパパというのだそうです。

　パパ・ママの意味がもしも本当なら、わたくしたちは、毎日お母さんを「食べ物」と呼んで、お父さんを「葉巻」と呼んでいることになります。これはみんなでよく考えなければいけないことだったのですね。

　「おとうさん」「おかあさん」。こんないい言葉の意味をまったく知らないで、それをみんなで無視して、ただひたすら外国でそういっているからといって、「パパ、ママ」とやっちゃったんですね。

　ですが、「明日から、パパ、ママはやめて、おとうさん、おかあさんと呼びましょう」……そんなことは言いませんよ。流行ですからパパ、ママと呼んでもいいのです。けれども心の隅のどこかには、お母さんとはこういう意味だ、お父さんとはこういう意味だということは、どうか覚えておいてください。父母を太陽といって感謝の心で生活するのは、すばらしい。

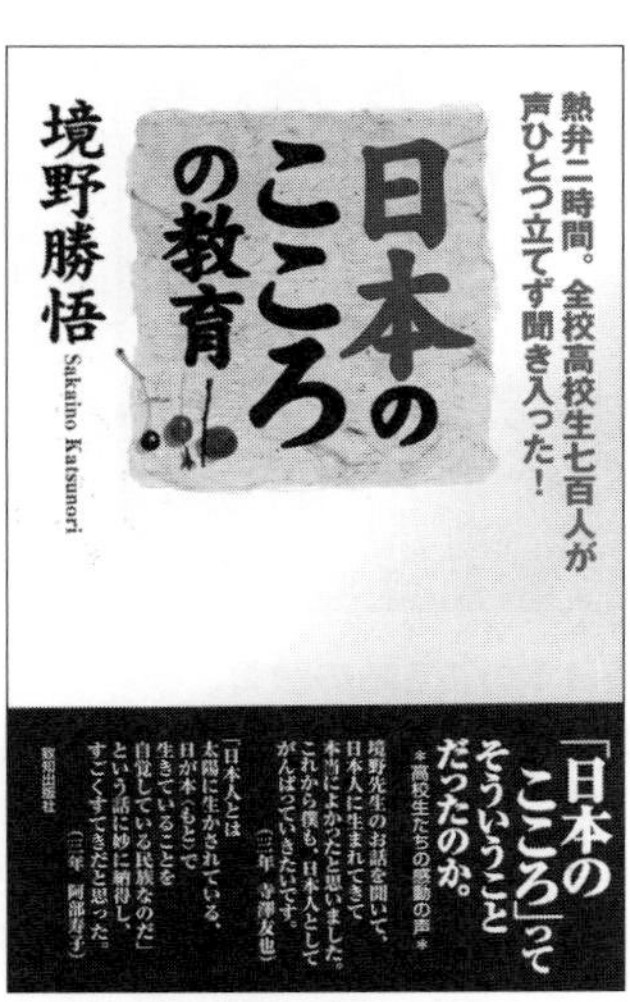

『日本のこころの教育』
境野勝悟・著　定価＝1,320円（税込）

子どもの「学ぶ力」を育てる本

日本人1,000年の教科書

子どもと声に出して読みたい「実語教」

齋藤 孝・著

平安末期から明治初期まで、およそ1,000年にわたって子どもの教科書として使われてきたという『実語教』。「学問の大切さ」や「親兄弟のあり方」など、いずれも人生の指針となる教えが凝縮されています。

定価＝ 1,760 円（10% 税込）

子どもと声に出して読みたい「童子教」

齋藤 孝・著

江戸時代、『実語教』と併せて寺子屋の教科書として広く用いられた『童子教』。当時の人々が影響を受けていた仏教思想が加わり、より道徳観念を深めた生き方が説かれています。

定価＝ 1,760 円（10% 税込）

国語の力がグングン伸びる
1分間速音読ドリル
国語の力がもっとグングン伸びる
1分間速音読ドリル2

齋藤 孝・監修

「国語力向上の最大の秘訣は、早い時期によい日本語に出逢うこと」。"1分"という制限時間の中で名作・名文を繰り返し読んで身につく語彙力や教養は、子どもたちにとって一生の財産となるでしょう。

定価 = 1,320 円（10% 税込）

たった5分で子どもたちの目が輝く

子どもたちが身を乗り出して聞く道徳の話

平 光雄・著

小学校教師歴 32 年、学級崩壊に瀕したクラスを立て直すといった経験もしてきた伝説の教師による、子どもたちの心に「伝わる」「残る」実践的道徳教育の話。

定価 = 1,650 円（10% 税込）

子どもたちが目を輝かせて聞く偉人の話

平 光雄・著

道徳指導の一環として行ってきた偉人伝の中でも、特に子どもたちの心に響き、成長の糧になると確信する 14 人の偉人の生き方を紹介。

定価 = 1,650 円（10% 税込）

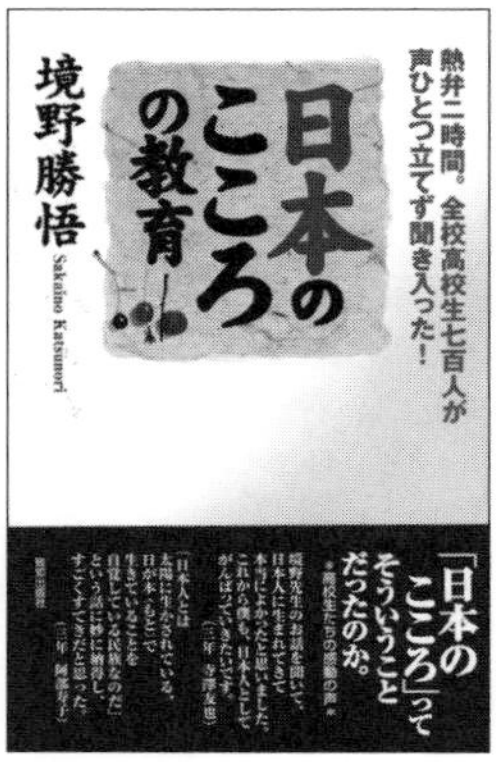

日本のこころの教育

境野勝悟・著

全校高校生 700 人が声ひとつ立てず聞き入った伝説の講演。日本の国に生まれ、日本人として生きることに誇りが湧いてくる一冊。

定価 = 1,320 円（10% 税込）

［第三章］

子育てに大切なもの

①
【対談】わが子を幸せな人生へ導くために
前野隆司
慶應義塾大学大学院教授／武蔵野大学教授
前野マドカ
EVOL代表取締役CEO

②
子育ての基本は〝親主導〟
～子どもの問題行動にどう向き合うか～
奥田健次
学校法人西軽井沢学園創立者・理事長

③
悩んでいた母親が一瞬で救われた子育ての話
平 光雄
社会教育家／元小学校教師

【対談】わが子を幸せな人生へ導くために

わが子に幸せな人生を歩んでほしい——。子育てに臨むお母さんの誰もが、心の底からそう願っていることでしょう。では、その願いを実現するためには、日々どのように子どもに向き合ったらよいのでしょうか。

幸福学という新しい学問を提唱する前野隆司さん、マドカさんご夫婦に、〝卒業〟したばかりというお二人の子育てを振り返っていただきながら、わが子を幸せな人生へと導いていくための心懸けについて語り合っていただきました。

前野隆司

慶應義塾大学大学院教授
武蔵野大学教授

まえの・たかし　昭和37年山口県生まれ。59年東京工業大学工学部卒業、61年同大学理工学研究科機械工学専攻修士課程修了、キヤノン入社。その後、ハーバード大学客員教授等を経て、平成20年より慶應義塾大学大学院システムデザイン・マネジメント研究科教授。令和6年より武蔵野大学ウェルビーイング学部学部長兼任。著書に『幸せのメカニズム 実践・幸福学入門』（講談社現代新書）『「幸福学」が明らかにした幸せな人生を送る子どもの育て方』（ディスカヴァー・トゥエンティワン）『脳はなぜ「心」を作ったのか「私」の謎を解く受動意識仮説』（筑摩書房）などがある。

この体験を伝えたい

——「幸福学」を提唱される前野隆司さんは、奥様のマドカさんと共に子育てについても積極的に発信なさっていますね。

隆司　僕が最初に出した本は、専門とするロボットや脳の知見に基づく考察をまとめた『脳はなぜ「心」を作ったのか』でした。しかし、実はそれより前に子育ての本を書いているんです。留学先のアメリカでの子育て体験が素晴らしかったので、それを書いて出版社に持ち込んだのですが、「あなたはロボットの専門家だから、子育ての本を書いても売れませんよ」と言われてボツになったんです。ですから、もともと子育てには興味があったし、子育ての本を出したいという思いはずっとあったんですよ。

それに、普段は大学や大学院で二十歳前後の学生を教えていますが、人間力の教育をするにはやっぱり幼児期の子育てが大事だという実感もありますしね。

幸い、その後幸福の研究にも携《たずさ》わるようになったおかげで、二〇一八年に『幸

前野マドカ

EVOL代表取締役CEO

まえの・まどか　佐賀県生まれ。サンフランシスコ大学、アンダーセンコンサルティング（現・アクセンチュア）などを経て、２０１５年EVOL代表取締役CEOに就任。慶應義塾大学大学院システムデザイン・マネジメント研究科附属システムデザイン・マネジメント研究所研究員、一般社団法人ウェルビーイングデザイン理事、国際ポジティブ心理学協会会員。著書に『最新の「幸せの研究」でわかった しなやかで強い子になる４つの心の育て方』（あさ出版）『きみだけの幸せって、なんだろう？ 10才から考えるウェルビーイング』（WAVE出版）などがある。

せな人生を送る子どもの育て方』という本を出すことができました。随分回り道をしましたが、やっと最初の願いを叶《かな》えることができたわけです。

　ちなみに、その本の著者名は僕になっていますが、実際は妻との共著なんです。

マドカ　連名の本は売れにくいと出版社の方に言われてそうなったんですけど、制作には私もずっと関わって、二人で一緒につくった本なんです。

　先ほど隆司さんが、アメリカの子育て体験が素晴らしかったと言いましたけど、そもそも私が子育ての本を出したいと思ったのは、向こうで出会ったお母さんたちからの問いかけがきっかけなんです。

　夫が大学で働いている間、私は当時〇歳と四歳だった二人の子を近くの公園に遊びに連れて行っていました。そこには世界中から、大学で学びながら子育てをしているお母さんが集まっていて、皆さんとはとても仲よくなりましてね。ある時彼女たちから、「マドカの夢って何なの？」って聞かれたんです。私が、「この子たちを立派に育てることが私の夢」

って答えたら、皆ビックリして、「それはあなたがやることの一部でしょう？　あなた自身が自分の人生で成し遂げたいことはないの？」と言われて、ハッとしたんです。その公園にいた国際色豊かなお母さんたちの中に、自分の夢を持っていない人は誰一人いませんでした。

　特に印象に残っているのが、その公園にいつも来ていたメダリアさんという九十二歳のお婆さんでした。彼女に「あなたの夢は何ですか？」って尋ねたら、「私の夢は素敵な絵本を描くこと。だから毎日ここに来て、子どもたちを観察してるのよ」っておっしゃったんです。

隆司　素敵な九十二歳だよね。

マドカ　確かに子どもを立派に育てるのは素晴らしいことです。でもそれだけでなく、自分の夢をしっかり持って、それを実現させるためにイキイキと活動すること。そしてその姿をわが子に見せることも大事だと肌で感じたんです。

　ですから、この気づきをぜひ日本のお母さん方にお伝えしたいと思って、私は帰国後に横浜市の委託金をいただいて「子育てのビジョンを考える会」を立ち上げ、いまはＥＶＯＬ《エヴォル》という会社の代表として幸福学に基づく子育てについて発信を続けているんです。

隆司　いまになって思うと、マドカは自分の夢を立派に叶えてきたよね。二人の子どもを一所懸命育て上げ、そしてその体験を元に幸せな子育てについて伝えるという夢を見出して、二十年かけてそれを形にしてきたんだから。

マドカ　確かにそうね（笑）。あの公園の出来事は、紛《まぎ》れもなく人生のターニングポイントになったと思います。あの体験をきっかけに、私は夢を持って自分の人生を自分らしく主体的に生きていくことに目覚めて、それがいまにつながっているんです。

幸福学と幸せの四つの因子

隆司　僕らが出逢ったのはお互いの留学中で、共に海外で受けた衝撃を共有しているから結婚できたんだと思います。

　アメリカでの子育てを通じて考えたのは、アメリカの人は自立して、自分の夢や目標をハッキリ持っている。一方、日本人には周りを大事にする優しさがある。どっちも素敵じゃないですか。その両方のよさを生かして子育てできたらいいなと思っていたことが、いま提唱している「幸福学」や、「幸せの四つの因子」に結実していったように思います。

――その幸福学と幸せの四つの因子についてご紹介ください。

隆司　幸福学とは、人はどうすれば幸せになれるかを研究する学問です。

　幸せについてはこれまで宗教や哲学、心理学などで様々に述べられてきました。工学系出身の僕は、それらを体系化して、誰もが実践できるような「幸せになる方法」を確立したいと考えたんです。

　本格的に幸福学に取り組み始めたのは、二〇〇八年でした。教鞭《きょうべん》を執《と》っていた慶應義塾大学で、新たにシステムデザイン・マネジメント研究科という、文系と理系の垣根を超えた社会人大学院ができましてね。幸せについて研究するには打ってつけの舞台だと考えて、籍を移して研究を始めたのです。そして幸せについての大規模なアンケート調査を実施・分析した結果、次の四つの因子が整っていると人は幸福感が高くなることが分かったんです。

●幸せの四つの因子

・第1因子：「やってみよう！」因子

（自己実現と成長）

夢や目標を持ち、それを実現させるための学習・成長意欲が高いこと。強みがあること。

・第2因子：「ありがとう！」因子

（つながりと感謝）

他者を喜ばせたり、支援したりしていること。家族や友人たちなど人とのつながりや感謝を感じること。

・第3因子：「なんとかなる！」因子

（前向きと楽観）

物事に対して、常に楽観的でいること。自己肯定感が高く、気持ちの切り替えが早いこと。

・第4因子：「ありのままに！」因子

（独立と自分らしさ）

周りや他人と自分を比べず、自分らしく、あるがままでいること。

四つの因子がバランスよく備わっていることが、より幸せな状態と言えます。そしてこの四つは、日常のちょっとした心懸けや訓練によって獲得できるんです。

幸せになる自信だけはあるから安心して

マドカ　ロボットや脳の研究をしていた夫が幸福学の研究を手がけたことを不思議に思う方もいらっしゃると思いますけど、私からするとなるべくしてなったという感じです。夫はロボットの研究をしている時から、笑うロボット、人を幸せにするロボットの開発に取り組んでいて、そのために人がどんな笑顔をしているのか、街へ出て調査したことがありました。ところが笑顔どころか、険しい顔をした人、辛《つら》そうな顔をした人があまりにも多いことにショックを受けて、笑うロボットよりも、人間を笑顔にする研究をしたいと言うようになったんです。

隆司　最初の頃は、「怪しい研究を始めたな」「新しい宗教か？」などと、随分誤解を受けたものです（笑）。でも十六年経って、世間で幸福とかウェルビーイング（幸せ、健康、福祉＝よい状態であること）についてオープンに語られるようになり、幸福学のことが広く認知されるようになってきたのは嬉しいですね。

マドカ　ありがたかったのは、隆司さんが幸せの四つの因子を導き出したのと、私たちの子育てがちょうど同じ時期だったことです。この四つの因子を実践し、体感しながら歩んできたおかげで、子育てが本当にやりやすかったんです。

隆司　息子は大学生の時に言いました。

自分の夢をしっかり持って、それを実現させるために イキイキと活動すること。そしてその姿をわが子に見せることも 大事だと肌で感じたんです マドカ

「僕はまだ何になれるか分からないけど、幸せになる自信だけはあるから、お父さん、お母さん、安心して」

と。あぁ息子もこんな立派なことを言えるようになったんだなぁ、自分たちの子育ては間違っていなかったなぁと思うと、もう泣きそうでしたね（笑）。

マドカ　そうそう、あれは大学四年生の時でした。最初は子育ての何が正解かも分からないままに、その時々にできることをとにかく全力でやってきたんですけどね。ごめんなさい、思い出したらつい涙が出てきてしまって……。

わが子をとことん信じること

隆司　幸せの四つの因子を踏まえて、僕が子育てで大事にしてきたことを一つ挙げるとすれば、信じることです。わが子を心から信じて育てると、自ずと四つの因子が育《はぐく》まれることは、体験を通じて実感しています。

僕は、息子がゲームばかりしていても、決して「やめろ！」と怒ったりしませんでした。「集中力があるなぁ」と見守ってきたんです（笑）。そうやってとことん信じて見守り続けていたら、ずっと勉強しなかった息子が、「俺、そろそろ勉強するわ」と、大学二年くらいから急に勉強し始めて、四年の時には表彰されるくらい優秀な成績を収めるようになったんです。二十七歳になったいまは不動産テックの会社を立ち上げて、情報開示が不十分な業界の現状を何とかしたいと社会正義に燃えています。

マドカ　隆司さんは仕事が忙しくて一緒にいられる時間は少なかったけど、彼には信じられている安心感というのがずっとあったんじゃないかしら。高校の頃には、「お父さんは俺のことをずっと信じて応援し続けてくれたから、それを裏切るような人間にはなりたくない」と言っていましたから。

隆司　ピグマリオン効果というのがあって、例えば、このネズミは優秀だと思い込んだ飼育者が育てたネズミは、本当に優秀になる。それを知っていたから、僕はわが子にそれを徹底的にやってみようと思ったんです。

だから娘にも、「おまえはお父さんと一緒で大器晩成だ。きっと後からグイッと伸びるぞ」と言い続けていたんですけど、最近大学を出て急に成長が感じられるようになってきましてね。世の中のためにウェルビーイングを広める仕事をし

たいと言い始めました。

マドカ　いまは会社に勤めながら私たちの活動も手伝ってくれていて、この間オンラインで私の出版記念イベントを開催した時、初めて運営スタッフに加わりました。皆さんに紹介したら、講演後の質疑応答で「幸福学の研究をしているご両親に育てられて、どうでしたか？」って、私よりも娘のほうに質問が殺到したんです（笑）。そんなことになるとは思いませんでしたから、事前に何の打ち合わせもしていなくて、彼女が何て答えるのかドキドキしながら聞いていました。

　そうしたら娘は、「両親はいつもウェルビーイングな状態で私の存在を認めてくれ、やりたいと言ったことはすべて応援してくれました。そのおかげで、私はいろんな場面で助けられてここまで成長できたと思います」と答えたんですよ。もう胸がいっぱいになってしまって……。

隆司　そんなにしっかりした子ではなかったんですけどね。

　二人はもちろんまだまだ未熟ですけど、社会をよくしようと頑張る格好いい大人に成長してくれたことは、本当に嬉しくてしようがないですよ。二人のことを信じて育ててきて本当によかったです。

対話すること　ビジョンを共有すること

マドカ　私も夫と一緒で、子どもたちを信じる気持ちが揺らいだことは一度もありません。ただ、父親と母親の役割は違っていて、私はいつも子どもたちの近くにいるからついつい小言を言っちゃうんですよ。「明日は試験なのにゲームやってて大丈夫なの？」とか（笑）。

　でも私は、子どもたちの傍《そば》にいる母親があれこれ言うのは自然なことだと割り切っていましたし、子どもたちもお母さんというのはこういうものだと受け止めてくれていたみたいです。

隆司　彼女が小言を言うからといって、決して僕と考えが違うわけではないんです。子どもたちのことは二人でいつも話し合っていて、子育てについての大きなビジョンはしっかり一致していました。

　ところが子どもに「お母さんの言うことは間違っている」と言ってしまうと、これはよくないんですよ。信じることは大事ですが、それは子どもに対してだけでなく、夫婦の間でも言えることです。夫婦仲のよい子どもは幸せに育つという統計データもありますが、やっぱり夫婦が信じ合い、家族全員が信じ合っている家庭ではよい子育てができると思います。

マドカ　私も本当にそう思います。

隆司　僕はこれまで研究を通じてたくさんの夫婦や会社を見てきましたけど、いい夫婦、いい会社は、やっぱり対話をしっかりして、ビジョンを共有している。それは間違いないですね。だから意見が違っても理解し、尊重できる。お互いがそういう姿勢で向き合えば、家族の喧嘩《けんか》も、世界の紛争も、全部解決するはずなんですよ。

マドカ　私は夫のことは人として信じているので、意見が私と違う時には、そこにどんな思いがあるんだろうと考えるんです。そして、「あぁ、そういう思いだったのね」と納得するところまでよく話し合ってきました。

隆司　これ、お勧めなんですけど、相手の言動に違和感を覚えたら、すぐ話すことです。そうすれば、「なんだ、だから君はあんなきつい言い方をしたのか」と分かって、ストレスがゼロに戻るじゃないですか。それを何十年も溜《た》め込んだ挙げ句に熟年離婚というのは悲し過ぎます。だから日頃から夫婦でコミュニケーションをしっかり取って、ビジョンを共有すること。うちはそのことを通じて、幸せの四つの因子をしっかり共有してきたことがよかったと思います。

マドカ　そうですね。子育てで何か困ったり迷ったりする度に、どこに問題があるんだろうって四つの因子に立ち返っていました。

まずは親の心を整えよう

マドカ　ただ子育てってやっぱり大変ですから、ついついイライラすることもあります。だから、まず親が心を整えることがとても大事だと実感しています。

隆司　子どもというのは親が思ったようになりませんからね。

マドカ　子どもに限らず、相手から冷たい言葉とか怒りの言葉をぶつけられた時は、そこに必ず願いがあると私は思っています。こうしてほしいのにやってくれないとか。それを探そうとすると気持ちを落ち着かせることができますね。

隆司　わが家の平穏が保たれているのは妻のおかげです。僕がカッカしている時でも、妻が僕の怒りをスポンジのように吸い込んでくれるから、「あ、いかん」と落ち着きを取り戻せる。そこは本当に助かってるんだけど、コツは何なの？

マドカ　コツはあるけど、お祖父《じい》さんの影響も大きいかな。祖父は浄土真宗の僧侶で、「自利利他円満《じりりたえんまん》」という仏教の教えをもとに、私にマドカ（円）って名前をつけてくれたんです。幼い私に、角のない、心の優しい子に育ってほしくてこの名前をつけたんだよとか、和が大事だよという話をよくしてくれていました。

　それにうちの家庭は、感謝や思いやりとか、食事の前の「いただきます」を大切にしていたから、そういう家庭に育ったことも大きいと思います。

隆司　家庭の影響は大きいからね。

マドカ　それからコツということで言えば、私は自分を整えるために日頃から実践していることが六つあります。

一、人の物差しのために頑張らず自分を丸ごと認めよう

二、子育ては思い通りにいかないもの。一日を頑張り過ぎない

三、ポジティブは三、ネガティブは一のバランスで意識的に自分を褒めよう

四、自分への「ありがとう」を見つけ、自分をもっと好きになる

五、自分をいたわる時間を一日の中でルーティン化する

六、自分が何に幸せを感じるのか定期的に確認しよう

　これらを実践して、自分が常に明るくいい状態でいると、パフォーマンスが上がるし、子どもに穏やかに接することもできるんです。

一番大事なことは、親が幸せであること

マドカ　たくさんのお母さんを見てきて特に大事だと思うのが、四つ目の自分へのありがとうです。

子育てというのは自分育てです。自分自身をちゃんと思いやり、整った自分で向き合えば、子どもは勝手に育ちます

隆司

お母さんの中には、すべて自分で抱え込んでしまう方がたくさんいます。子どもがサッカーでレギュラーに選ばれなかったことまで、自分がしっかり健康管理しなかったからだと責任を感じたり。だから私は悩んでいるお母さんに、あなたはもう十分頑張っています。自分ではどうにもできないことまで責任を負わなくていいんですよとお伝えしたいんです。

そして、ぜひ自分に「ありがとう」と日々語りかけてほしい。毎晩寝る前に「きょうも一日よく頑張ったね」と自分を褒めてから寝てほしい。そんな日々の自分への応援が、周りの人への優しい言葉がけにも繋がっていくし、自己肯定感って自分で自分を認めるところからも育まれることを、お母さんにはぜひとも知っていただきたいですね。

隆司　一番大事なことは、親が幸せであることです。これ、当たり前のことなんだけど、子どものためにって一所懸命になっていると、ついつい自分を大切にする気持ちを忘れてしまいがちなんですね。

子育てというのは、自分育てです。自分自身をちゃんと思いやり、整った自分で向き合えば、子どもは勝手に育ちます。いまの日本人は、自分を大事にすることがなおざりになっています。だからマドカが言ったように、子育て中のお母さんには、まず自分を整えてほしいですね。

この子はきっと大丈夫

マドカ　最近は、自分が悪かったから子どもが不登校になったと悩んでいるお母さんの相談を多く受けます。でも、どの方もわが子に幸せになってほしいと心の底から思っているし、いろいろ悩みながらも一所懸命子育てをしている。その気持ちだけで十分なのですが、どんどん自分を責めてしまう傾向にあります。

長い人生の中で、学校に行かない時期があっても大丈夫だし、いまは勉強の方法もいろいろある。そもそも、頑張っていい大学に入っても必ずしも幸せになれるとは限らない時代になっています。だから安心して、この機会にお子さんとの時間を楽しまれたらいいじゃないですかとお話ししています。

そして最後にお伝えするのは、やはりわが子を信じることです。いまは学校に行けなくても、この子はきっと大丈夫。時が来たら自分の道を自分の力で歩んでいけると思うこと。隆司さんが言った「信じる」って、そこだと思うんです。

隆司　うん、そうだよね。

マドカ　お母さんがやるべきことは、この子は大丈夫って信じてあげること。そして傍にいてあげることです。私たちもそういう思いで子どもを育ててきました。

隆司　信じると楽なんですよ。信じないから、小さなことでも気に病んでしまう。でも信じると、見守っているだけでいい。ポカポカした気持ちでね。それで子どもも伸び伸び育つんだからお勧めなのに、なかなかできない。

マドカ　この人のことを百%信じてると思ったら、揺るがなくてすむから、自分も楽なんですよね。

隆司　もっと言うと、存在を信じるということなんですね。人は言葉も行動も間違えるけれども、その存在を信じることが大事だと思います。

マドカ　『ビリギャル』のモデルになった小林さやかさんっていらっしゃいますよね。彼女が補導されて、お母さんが警察から連絡を受けて駆けつけた時、先に行っていた先生がさやかさんを叱《しか》っていたと。その時にお母さんは、「娘がやったことは本当に申し訳なかったです。でも、この子の存在自体は否定しないでください」っておっしゃったそうなんですけど、まさにそこですよ。やったことは悪かったかもしれない。でもさやかさんの存在を信じるお母さんの気持ちは、決して揺らがなかったんです。

あなたがいてくれて よかった

隆司　そういう意味では、「うちの子は勉強ができないんですよ」「運動が苦手なんですよ」と、わが子の前で人に謙《へりくだ》って言う親がいますけど、あれ、本当にいらないです。ああいうネガティブな言葉が子どもの可能性を潰《つぶ》してしまうんですよ。もっとわが子を信じて、それを行動に表す社会に変えていきたいですね。

マドカ　日々の声がけが子どもの心を育てます。だから私は、わが子にはできるだけ優しい言葉をかけてあげよう、愛しているならちゃんと「愛している」って伝えようと心懸けてきました。やっぱりよい言葉をかけてあげると子どもの心も安定するし、お互いの絆《きずな》も深くなると思うんです。

隆司　お子さんにはぜひ「あなたがいてくれてよかった」と伝えてあげてほしいですね。

　これはユマニチュードというフランスの認知症ケアの技法を研究する学会で学んだのですが、こういう言葉を通じてわが子の存在そのものを肯定してあげることが大切です。「あなたがいてくれてよかった」「生まれてきてくれてよかった」「私の子どもでよかった」。そんな言葉をぜひお子さんにかけてあげてほしい。

　僕は六十歳の誕生日を迎えた時に、母から「生まれてきてくれてありがとう」って言われました。こちらこそありがとうですよね（笑）。自分の親からそんなふうに思われていて、本当に幸せです。

伝えたい気持ちがあれば 必ずわが子に伝わる

──お二人が親子や夫婦のコミュニケーションで大切にしてこられたことはありますか。

隆司　僕らは、愛とか夢とか、そういう根源的な話をよくするんです。「ご飯が

できたよ」とか「お風呂を先にする」とか、業務連絡で終わってしまうのはもったいない（笑）。お勧めは、幸せの四つの因子について語り合うことです。

マドカ　ただ、急に愛や夢について切り出しても皆戸惑うでしょうから、日頃から「来年どこへ旅行に行こうか？」などと、家族でいろんなことを気楽に語り合うようにしておくといいでしょうね。

　それからユーモアも大事です。うちは隆司さんにいつも笑わせてもらってます。

隆司　マドカだって面白いよ（笑）。

マドカ　パートナーシップで大事なのはお互いの信頼、尊敬、ユーモアだと思います。そしてお互いの成長を感じて喜び合えたら最高です。私たち六十歳前後になってもまだまだ成長していますからね。

　あと、コミュニケーションって相手に受け取る準備ができていない時は、何を言っても受け取ってくれないんですよね。

隆司　そうそう。だから子どもが親と話したくない時期は、傍にいるだけでいいと思うんですよ。

　僕も中二くらいの時は、親から何だかんだ聞かれるのが嫌で、放っといてくれと思ったものです。それでマドカが中二の頃の息子に話しかける度に、あぁ話しかけてほしくないと思っているんだろうなと思いながら見ていたよ（笑）。

マドカ　確かにスルーされてた（笑）。だから代わりに、伝えたいことを書いて置いておくようになったんです。特に受験や就職、誕生日とか、ここぞという大事な時には隆司さんと二人でカードにメッセージを書いて渡してきました。

　そんな時の隆司さんのメッセージって、私が読んでも泣けてくるんだよね。やっぱりたくさん本を書いて文章が上手だから。

隆司　いやいや、心がこもっているからだって（笑）。

マドカ　嬉しいのは、子どもたちが私たちのメッセージをずっと取っておいてくれているんですよ。ずっと前に書いた「あなたなら大丈夫だから頑張ってね」というメッセージが子どもの机に貼ってあるのを見た時は、あぁ私たちの思いをちゃんと受け止めてくれているんだなぁと思って胸がいっぱいになりました。

隆司　渡す時は恥ずかしがって、「そんなのいいよ」と言うんだけどね。だけど、愛していること、信じていることを伝えたいという気持ちがあれば、やっぱり伝わると思うんです。

マドカ　本当にそう。二人もそのことを分かってくれていて、自分たちは幸せだと思っているみたいですね。

隆司　だから、子どもが話したがらないからといって放っておくのと、愛を持って見守っているのとでは、似ているようで全然違うんですよ。

それから、子どもたちが小さい頃はよくキャンプに行っていました。家族で一緒にいろんな作業をやるのは楽しいし、一体感が深まりますね。

マドカ　あとは、家族が誕生日を迎えた時は必ず皆でケーキを囲んでお祝いするんです。そうすると子どもたちの心の中に、誕生日にはいつも家族で楽しくお祝いしてたなって懐かしい記憶が刻まれるじゃないですか。

隆司　量より質だと思うんですよ。もう二人とも大きくなりましたけど、いまも「おいしい寿司屋があるぞ」って誘うし、数年前には家族でハワイにも行きました。回数は少なくても、家族が集まる時間を必ずつくって、愛情を確認することが大事だと思うんです。

マドカ　最近は皆忙しくて、なかなか一緒にはいられないんですけど、ピンポイントで濃厚な時間を過ごしていますね。

子育ては、YOUではなくWEで

——今回本誌が掲げたテーマは「母の力」ですが、これを養うにはお二人のように、幸せの四つの因子を意識して子育てに臨むことが大切だと言えそうですね。

隆司　その通りだと思います。四つの因子を一つに集約すると、「愛」なんですよ。自分への愛と、皆への愛。愛で自分を包み、皆も包むこと。愛のある家庭であれば子育てはうまくいくと思いますね。

ただ、愛はあっても愛し方が下手なばかりに、子どもに嫌われてしまうケースも多いんです。親が嫌いと言う子どもって、結構いるんですよ。本当に悲しいことです。愛をちゃんと表現して、わが子にちゃんと伝えることが大事ですよね。

マドカ　鬱《うつ》になってしまう人の心を掘り下げていくと、親との確執《かくしつ》を抱えていることが多いですね。自分は嫌われていたって勝手に思い込んでいたりする。長年そう思い続けてきているので、ちょっとやそっとじゃ解決できないんですね。

ついこの間も、母親との確執を三十年以上抱えていた方が私たちのセミナーに参加されました。その時に先ほども触れた、自分へのありがとうを毎日言うワークを実践していただいたんです。例えば一日を振り返って、きょうは仕事が大変だったけど、頑張った自分にありがとうと。それをずっと続けていたら、だんだん自分のことを認められるようになり、自分は存在していていいんだと実感できるようになったら、周りの方への感謝の心が生まれてきたそうです。それがお母さんへの感謝にも結びついて、遂には和解したんですよ。自分へのありがとうって本当に大事なことだと改めて実感しましたね。

隆司　だから先ほども言ったように、自分が幸せであることが一番なんですよ。子育てでわが子にしっかり愛を注ぎたいと思ったら、まず自分を愛するところから始めることですね。

ただ、自分を愛することをやり過ぎてわがままな人もいますから、そういう人はもっと他人を愛したほうがいい。逆に他人を愛すばかりで自己犠牲に陥っている人はもっと自分を愛したほうがいい。バランスを取ることが大事ですね。

マドカ　日本のお母さんはどちらかというと後者、自分より子どものこと、家族のことを優先しがちになるので、そういう人はぜひ自分を労《いたわ》ってほしいです。

隆司　最後にもう一つ、子育て中の親御さんたちには男性性と女性性というのもお伝えしたいですね。男性も女性性を持っていますし、女性も男性性を持っている。だから、お父さんも母的な優しさを持った母なんですよ。そしてお母さんも父的な強さを持った父です。結局子育ては、父と母のどっちも大事。これが結論になると思うんです。

マドカ　本当にそうだよね。子育てはお母さんだけでやるものではありません。お父さんとお母さんが、「私たちで育てる」という意識を持って力を合わせて取り組むことが大切です。子育ては、ＷＥ《ウィー》だと思います。

隆司　その通りだね。例えば、「君はゴミ出ししてないじゃないか」って言うと喧嘩になるから、「僕たちゴミ出しできていないよね」って言う。子どもに対しても、「おまえは何で勉強しないんだ？」ではなくて、「僕たちどうしたら勉強をよくする家族になれるかな？」と問いかける。「私たち」という意識で向き合うと、何でも楽しく解決できるんですよ。ＹＯＵ《ユー》メッセージをＷＥメッセージに変えることで、親子、夫婦、家族がすべて愛で包まれていくんです。

マドカ　読者の皆さんにも、ぜひ愛に包まれた温かい家庭を築いてほしいですね。

子育ての基本は〝親主導〟

～子どもの問題行動にどう向き合うか～

〝子育てブラックジャック〟。行動分析学に基づき、国内外でこれまで三十年、子どもの教育に行き詰まった家庭を斬新な方法で救うと共に、そのメソッドを用いた独自の教育を行う学校法人西軽井沢学園を創立した奥田健次理事長を人はそう呼びます。「行動の問題なら必ず治せる」と断言するプロが伝える、変わることのない子育ての原理原則。

奥田健次

学校法人西軽井沢学園
創立者・理事長

おくだ・けんじ
昭和47年兵庫県出身。専門行動療法士、臨床心理士。大学院在学時より子どもの教育相談を開始。以来、国内外からの支援要請に応える。平成24年大学を早期退職し、私財を投じて長野県に学校法人西軽井沢学園を創立。30年4月、サムエル幼稚園を開園。令和6年4月、さやか星小学校を開校。著書は『メリットの法則』（集英社新書）、『叱りゼロで「自分からやる子」に育てる本』（だいわ文庫）など多数。

親を悩ませる 行動の「意味」を見抜く

――奥田先生は教育相談という形で、国内各地のみならず海外まで様々な家庭の子育て指導を行い、もう三十年になるそうですね。まず、教育相談はどのような形で行っておられるのですか？

奥田　家庭によって関わる長さが違うので、個別の件数では言いにくいんですが、子育てに悩む親御さんの依頼がやはり多いです。それと、学校のコンサルテーションですね。各地の学校や教育委員会などに呼ばれて、一日そこに詰めて様々な相談を受けるんです。昔は一日九件受けていましたが、頭がこんがらがるので最近は六件くらいに抑えてもらっています。飛行機は年間百二十回くらい乗りますね。

――週二、三回のペースで長距離移動を。

奥田　はい。大学院に進学してから個人で教育相談を開業して、今日まで同じ仕事をずっと続けているんです。

ただ正直、最近はあんまり面白くなくなってきているんですよ。

――どういうことでしょうか？

奥田　指導したら子どもがよくなるのが最初から分かっているから。ロマンも何もないんです（笑）。駆け出しの頃は自分よりかなり年上の保護者や祖父母に指導をしていました。気がついたら自分が五十歳を過ぎて、同年代や年下の親御さんばかりアドバイスしている。解決法が見え過ぎてしまっているんです。

祖父母が孫を連れて相談に見えることもあります。その頃から、時に辛辣《しんらつ》な言葉で指導してきたんです。「それ間違ってるよ、おじいちゃん」「おばあちゃん、それじゃだめ。孫はペットじゃないんだから」と。

――一切忖度《そんたく》のない指導を。

奥田　向こうからしたら「孫ほど年の離れた、結婚もしていない若い人に、なんでこんなに偉そうに言われなきゃいけないの」と思いますよね。実際、喧嘩腰《けんかごし》になる親御さんもいました。そうしたら僕は「お伝えした通りにやってうまくいかなかったら、どうぞ文句を言いに来てください」と追い返すんです（笑）。

面白いもので、そう挑発しておくと、「この野郎！」と思って実践してくれる。すると、当然ガラッと子どもが変わる。親御さんたちの僕に対する態度も変わるんです。ここに至る闘いが面白くてロマンがあった。この年になると、はるかに腕は上がっているわけですが、指導の成果が現れても「人生の先輩だからすごい」となってしまう。授けた指導方法が正しいことに気づいてもらいたいのに、そうなりにくい。

――指導理論の正当さを実感してほしいと。どんな指導をされているのですか？

奥田　行動分析学といって、人間の行動の原理にアプローチするんです。例えば、教育相談の依頼をくださるのは、たいてい何がしかの診断名がついた特性のある子がいる、あるいは不登校や家庭内暴力などが深刻な家庭です。だけど、指導する上で障碍《しょうがい》があるかどうかはほとんど関係がないです。子どもがネット動画ばかり見て困っているというご家庭に伺うと、親がそれを許しているケース、または「やめなさい」と叱《しか》ることで逆にエスカレートしているケースもあります。障碍のせいにせず、そこで起きている行動が、いったいどういう理由で起きているか。どういう環境で生活し、周囲はどんな反応をしているかに注目する。これをアセスメント（見立て）と言いますが、人の指紋が一致しないように、百人いれば百通りなんです。

——表面的な現象ではなく、背景や環境を見る。

奥田　行動の問題であれば、必ず治すことができます。そして僕はどんなケースであっても、なぜその指導をしたのか、必ず合理的に説明することができます。

　どこに相談しても治らなかった問題が綺麗《きれい》に解決した親御さんから「ありがとうございます！」と感謝の言葉をいただきますけど、こちらこそ感謝です。「よく僕の厳しい助言を聞いてくれたね」と。

「子どもがダメ」
親の「自分がダメ」の勘違い

——子どもの問題行動に手を焼いて、「うちの子はダメだ」「うまく育てられない自分はダメな親だ」と諦《あきら》めてしまっている親は非常に多いと思います。

奥田　「うちの子はダメ」と思うのは、何かと比べるからですよね。他人の子どもや自分の理想像、自分の子ども時代とつい比べてしまう。原因は往々《おうおう》にして親のエゴです。人と比べることは、比べられた本人を含め、誰も幸せにしませんよ。

——なるほど。「うちの子はダメだ」は親のエゴの裏返し。

奥田　こういう親御さんもいます。「うちの子はダメだ（問題がある）けど、これでいいんです」という親。これも私は許せないです。何でかというと、昨今、子どもの暴力が大変な問題になっています。学校で子ども同士が喧嘩するだけじゃありません。気に食わないことがあると家で親に暴力を振るうケースが増えている。そこで親が「こんなに欲しがっているんだから」などと折れてその要求を呑《の》んでしまうと、この家庭は「殴った者勝ち、キレた者勝ち」状態になります。これが日本中で起きているわけです。

　だから「このままでいい」という親御さんに会うと「このまま犯罪者になってもいい」と言っているように僕には聞こえるんです。いいわけがないでしょう。

——暴力の放置は、家庭内の問題では済まなくなるのですね。

奥田　それと「うまく育てられない自分はダメだ」と思い込んでいる親御さん。僕からすれば、なんて傲慢《ごうまん》なんだと思います（笑）。もともとうまく育てられると思っていたってこと？　と。

　そもそも、自分の子どもを育てるというのは本当に難しいことですよ。うまく育てられないなんて当たり前。その中で皆、闘っているわけです。

——勇気づけられるメッセージです。

奥田　世の子育て情報誌には「お母さんは、そのままでいいんです」「子どもが学校に行かない？　それは正しい反応です」「自分を責めてはいけません」なんていう一見、温かい寄り添いのメッセージが溢《あふ》れていますよね。精神科医や心理士らも、こんなアドバイスをする人ばかりです。こういうアドバイスは刹那《せつな》的な慰《なぐさ》めになるけれど、結局答えがないし、どう改善するかの具体的な方法がない。だからまた悩むんです。

そこに輪をかけて、日本政府が「子どもの意見を中心に社会をつくっていきましょう」と呼びかけ始めた。近年、日本の若者の幸福度は、紛争が起きている国と大差ないほど低くなっています。自殺者数が同じでも、日本の場合は他の先進国と比べて子どもや若者の自殺の割合が飛び抜けて高いんです。

それなのに〝子どもが真ん中〟って、そんな子どもに何を決めさせるのか。自殺を助長しているようなものです。刹那的な慰めを求めているだけでは、家庭も国も滅びていきますよ。

――親が変わらなければいけない。

奥田　子育てに関する情報は玉石混淆《ぎょくせきこんこう》で、適当に構えていたら本物に出逢えません。その点、この『母』を読む方々にはまだ希望があると思います。では、子育てに「芯を持つ」とはどういうことか、行動分析学をベースにご説明しましょう。

一番ダメなのはブレる親

奥田　親に大切な気構えは、とにかく、子どもに弱みを握らせないことです。

――ああ、弱みを握らせない。

奥田　子どもに何を言われてもブレない一貫性を持つことが何より大事です。

僕たちは日常、例えばテレビを見ようとすればリモコンの電源ボタンを押す。普通は一回で済みます。ところがある日、ボタンを押してもつかない。そういう時、皆さんすぐには諦めずにカチカチカチと何回か押しますよね。そして、四回目あたりでパッと画面がついたとします。この時、行動分析学で言う〈間欠《かんけつ》強化〉が起きます。「何度もボタンを押す」という行動が強化されるんです。

数日後、別の番組を見ようと思ってリモコンを押してもつかない。四回押してもダメだとさらにカチカチ押す。十回目で「あっ、ついた」と。こうなるとまた間欠強化で、人はもっと粘り強くなります。冷静に考えたら電池を換えれば済む話ですが、その後もつかなければ百回、二百回と押して、さらにはリモコンを手で叩いたりした挙《あ》げ句《く》、ついてしまったら大変なんですよ。

――乱暴な行動が強化される。

奥田　そういうことです。何が言いたいかというと、やり続けるとたまに手応えを得られる、これが一つの行動をやめられなくなる原理だということです。間欠強化が悪い方向に働くと、暴力は一生治りません。ギャンブル依存や脱獄を繰り返す囚人も、行動の原理は全《まった》く同じです。一回でも強化されたらアウト、と思ってください。

これを子育てに置き換えてみます。おもちゃ屋さんで、子どもがゲームソフトを欲しがって泣き喚《わめ》いている。お母さん

親に大切な気構えは、とにかく、子どもに弱みを握らせないことです。子どもに何を言われてもブレない一貫性を持つことが何より大事です

は初めはなだめたのに、根負けして「きょうだけよ」と言って買ってしまいました。僕はそういう親の行為を全否定しています。「泣いて困るんでしょ？　さっさと要求を叶《かな》えろよ」と言わんばかりに、弱みに付け込まれてしまうからです。

親が生半可な気持ちで「今回はだめ」と要求に応じないようにしたら、次は見たことがないような泣き方、暴れ方をします。これも行動の原理なのですけどね。

――胸が痛みます。

奥田　こんなお母さんだと「ここまで泣くのは周りに迷惑だし」と、思いがブレ始める。そこでお父さんが出てきて「買ってやろうよ」なんて言ってまた要求を呑んでしまう。おじいちゃんやおばあちゃんも出てきて、同じ対応です。どんどん泣き喚き方が酷《ひど》くなっていって、暴力に至る事例のなんと多いことか。親の肩に噛《か》みつく、メガネを払い落とす。激しく泣き喚けばたまに要求が叶うという間欠強化が延々と働くわけです。

最近、電車に乗っていると、金切り声で泣く子どもに遭遇することが増えました。そういう子の親を見ると、澄ました顔でスマホをいじっていて、泣き方が酷くなった時だけ「これで遊んでて」なんて相手して、子どもの欲しがるものを渡している。あの金切り声は強化された結果でもあるんです。

望ましくない行動が出た時に相手をする、注目する。望ましい行動をしている時には、落ち着いているので親も子どもを放置して自分の好きなことをしていられる。これでは、よくなるわけがありません。理想の全く逆をやっているわけですから。子どもの暴力、ぐずりといった問題は、すべてここから出てくる。親が後先のことを考えずに普通の対応をすると、望ましくない行動を無意識に強化することになってしまうのです。

とにかく、ブレる親が一番、まずいんです。

強化された行動を無効化する方法

――ただ正直、子育てで一度もブレないというのはかなり難しいと感じます。

奥田　幼児期の子どもであれば、先ほどの場面の正しい接し方はこうなります。

・**泣き喚く**……買ってもらえない
・**強く泣き喚く**……買ってもらえない
・**三分泣き喚いて、両親も「さすがに買ってあげようかな」と思ったけど**……買ってもらえない
・**十分泣き喚く**……もちろん買ってもらえない
・**さらに泣き喚く**……もちろん買ってもらえない

最終的に「泣いても○○してもらえない」「泣いたから○○してもらえない」と、泣いて要求する行動を〈無効化〉する。これが一貫性です。ただの一度の例

サムエル幼稚園で園児に読み聞かせを行う
「(子育てに)ムチは不要です。
『アメとアメなし』がベストです」

外もなし。痼癪《かんしゃく》や暴力に対処するポイントは、それによって得をさせないことに尽きます。そういうと古い人は「アメとムチですね」と私の指導を評するのですが、それは違います。ムチは不要です。痼癪が出てしまったら、あげる予定だった「アメ」すらあげません。そのアメを駅のゴミ箱に捨てるくらいがちょうどいい。

――かなりの忍耐が必要ですね。

奥田　「ブロークンレコード法」を紹介します。その名の通り、壊れたレコードになり切る手法です。子どもがおもちゃ屋に行きたがっているとしましょう。

〔悪い例〕

子：ねえ、お母さん、きょうはおもちゃ屋さん行けるの？

母：おもちゃ屋さん、行かないよ。

子：ねえねえ、行こうよ！

母：なんで何回も言うの！　さっき行かないって言ったよね？

よく聞く普通の会話ですね。でもこれ、アウトなんです。なぜなら、子どもの言葉に反応してしまっているからです。

〔良い例〕

子：ねえ、お母さん、きょうはおもちゃ屋さん行けるの？

母：おもちゃ屋さん、行きません。

子：ねえねえ、行こうよ！

母：おもちゃ屋さん、行きません。

子：お母さん、なんでそんな言い方するの？　行こうよ！

母：おもちゃ屋さん、行きません。

子：お母さんどうしたの？　答えてよ！

母：おもちゃ屋さん、行きません。

子：もういいよ！

子どもと目も合わさずに、壊れたレコードのごとく同じ言葉を棒読みで繰り返すんです。これは二歳、三歳、四歳くらいの、俗に言うイヤイヤ期の子どもに効きます。他にも、全く動かない電信柱になり切るという方法もありますが、かなりの修業が必要ですよ。

間欠強化は借金と同じで、時間が経つほど大きくなってしまい、誰かが返さないといけません。ティーンエイジャーの子どもに対してむやみにこれを試すと殴られる可能性があるので、そこは注意してください（笑）。幼児期にこそ、ちゃんとやっておけ、という話です。

不登校を防ぐ一丁目一番地

――一貫性を持つことの大切さがよく理解できました。

奥田　弱みを握らせないとは、子どもが何を言ってきても「やりたかったらどうぞ。その代わり、あなたが損するよ」という姿勢を貫くことでもあります。この逆をやって失敗する親御さんが非常に多い。それは「それだけはやらないで」というマインドです。子どもに「これをされたくないんだな」と思われてしまうからです。

これは不登校を防ぐのにも有効です。僕は二〇一八年、長野県で学校法人の設立を果たしました。サムエル幼稚園を運営し、いよいよ二〇二四年春、行動分析学とデジタルテクノロジーを掛け合わせた先進教育を行う「さやか星《ぼし》小学校」を開校したんですが、先日うちのリーダー教員がこんな話をしてくれました。
その教員には娘さんが二人いて、ある日お姉ちゃんが微熱を出して学校を休んだ。学校を休んだら、その日はお母さんに見ていてもらって、部屋の中で過ごさせるのが私の考えです。彼はもちろん私の考えを知っています。三度の食事とトイレは部屋を出てOK。下の娘さんは学校に行ったそうです。
彼が素晴らしいのは、仕事帰りにシュークリームを一個だけ買って、学校に行った下の娘さんにだけあげたそうです。

――休んだ子どもを慰めるために、何かを買ってあげるのが普通ですが……。

奥田　それが普通と思うのは、世の中の間違った風潮によるものですよ。シュークリームはお姉ちゃんの好物だそうです。次の日、お姉ちゃんは親が何も言わないうちに学校に行きました。
どういうことかというと、休んだら何もない部屋にいないといけない、つまり好きな本も読めないしゲームもできない、好きなものも食べられない。つまり損をするということを教える。もちろん、子どもの基本的人権は尊重しないといけません。きちんと三食を与える、トイレに行かせるといった最低限のことです。ただし〝特権〟を削ることはしてもいいんです。食後のデザートやゲームは特権に当たります。
この逆をした場合、つまり休んだ子に特権を与えたり、家で好きな動画を観せたりするとどうなるか。妹まで休むようになりますよ。

――休むと得をするから。

奥田　それらを全部阻止することです。不登校を防ぐ一丁目一番地は、家をできるだけつまらなくすることなんです。
心から伝えたいのは、感情的になって「学校に行きなさい！」と口で言い聞かせるのは愚かだということ。懇切丁寧に説明すればするほど、子どもは抜け穴を見つけて反論してきます。たとえ風邪《かぜ》で休んでも、休んだ子からは特権を剥奪《はくだつ》するべきです。「学校に行ってほしい」と心に願っているけれど、それを口に出してはいけません。行かなかった日には、あるいは行けなかった日には、徹底して損をさせてあげればよいのです。「可愛い子には損させよ」が、私の辞世の句みたいなものです（笑）。

子育ての〝借金〟はどうすれば取り戻せるか

奥田　最後に一つ、行動分析学を活用して子どもの行動を改善する方法を紹介しておきます。《行動契約》という手法で、親子間で契約書を用意して、本当に契約を交わすんです。書き方のフォーマット例はこうです。
・タスク（契約内容）
・リワード（報酬）
つまり「こういうことをしましょう。そうすればこういう報酬が得られます」という約束を書き込む。逆に、違反したらどういうペナルティを払うかも書いておきます。それをどのくらい守れたかを見るカレンダーをつくるとよいでしょう。

――報酬や罰則は、具体的にはどういうものを設定すればよいのですか。

奥田　例えば、約束を守るとシールをあげる。シールが貯まると特権と交換できる。逆に約束を破ったら、貯金箱の中から罰金を数十円、親に払わせる。大人もそうですが、持ち金が多すぎても働く気力が低下しますし、働けど持ち金が少なすぎるという状態でもやる気が出ないので、ここのさじ加減が結構重要です。こうした金額は年齢と共に上げていく必要があります。なお、ペナルティは基本的人権を侵害しないものに留め、借金させるほどには至らないようにする。うまくいかない場合は、このあたりのバランスが失敗しているんです。

ある家庭で、九歳の男の子と親の初めての行動契約書には、

①朝おはようと先に言う

②「え～? 嫌だ」と言わない

③弟に意地悪しない

と書いてあります。①はわざと他愛《たあい》もないものにしています。親子関係でそんな重要ではないけれども、少し頑張れば守れる内容を意図的に入れています。③は「弟の積み木を倒さない」のように具体的にしてもいいんですが、それだと弟を蹴ることはOKになるので、わざとぼかしました。

これを導入した初日と翌日、一日五～六回は違反して、罰金を取られています。それでも治らない。こんな日々が一か月近く続きました。これを見たお父さんが言いました。「全然効いていないと思います」と。僕は答えました。「そうですね、犯罪者レベルです」と。でも「罰金を取られた時、お子さんは平然としていますか?」と尋ねると「泣いています」と教えてくれました。それを聞いて「ならば、このまま続けてください。絶対に治るから」と伝えて帰りました。

――その子はどうなったのですか。

奥田　罰金を取られて泣くというのは傷ついているということですよ。次の月また訪問すると、違反した日はまばらになっていました。お父さんは「やっぱり奥田先生の言うことはすごいです」と言う。でも、まだまだ多い、もっと減る。というか、ゼロレベルになるまでやるようにと伝えました。

三か月後、①の違反がゼロになったので「机の上からジャンプしない」に変えました。これも最初は何度かやってしまうんですが、だんだん二日に一回、四日に一回、と減ってくる。半年後、今度は「ゴミをゴミ箱に捨てる」に変えました。この頃は罰金の額も上げています。その結果、どれも見事にゼロになったんです。

――ああ、半年で。

奥田　他にも、七歳の多動症の子も、これと同じような行動契約を交わして、半年後には月一回くらいの罰金で収まるようになりました。うっかりやらかす程度のもので、それは親も同じです。

契約の内容は、必ず書面にします。口で言い聞かせるのではなく、親子で契約するということが大切なんですね。

これからの子育ては“マルチものさし”でいこう

――子どもの行動の問題はできるだけ早くから、親が将来のことを考えて毅然《きぜん》と導いていくことが大事なのですね。

奥田　厳しいお話もしてきましたが、講演会でこういう話をすると、たまに失礼な司会者が「奥田先生のお話、背筋がピリッとしましたね。でも皆さん、正解は一つじゃありませんから」と言うんです。

「俺を呼んでおいてそれ言うか？」と殴りたくなりますね（笑）。僕はマイクを奪い返して、こう言いました。

いいですか、子育ての答えはいくらでもあります。□＋□＝10。この□に入る数字は無限にあるでしょう。でも、10にならないものは外れですよね。いくつも答えがあるとしか言わないのは詭弁《きべん》で、確かに一面ではその通りだけれども、一方でこれをやったら絶対に間違うという選択もある。「答えはいくらでもある」と言ってしまう人は、「ただし、間違いもあるからね」とは言わないんですよ。

――正解はいくつもあるけれど、選んではいけない道がある、と。

奥田　そうです。一方で、これから子育てをする、いま子育てをしている親御さんに伝えておきたいことがあります。

大手の学習塾で、一部の子どもしか在籍できないトップクラスに入ろうとして親が躍起《やっき》になっていることがありますね。その上位数%に入った子ども、親は勝ち組と思い込んでいて、入れなかった大勢の親も親で、負け組だと落ち込んでいる。

こういう「お受験偏差値」のような一つの物差しで子どもを測るくだらない価値観を僕は〝シングルものさし〟と呼んでいます。成績は優秀でも他の子を見下す子がいますが、人格という物差しでは最低でしょう。もしかしたら、その親が子どもを認める物差しが成績だけなのかもしれません。

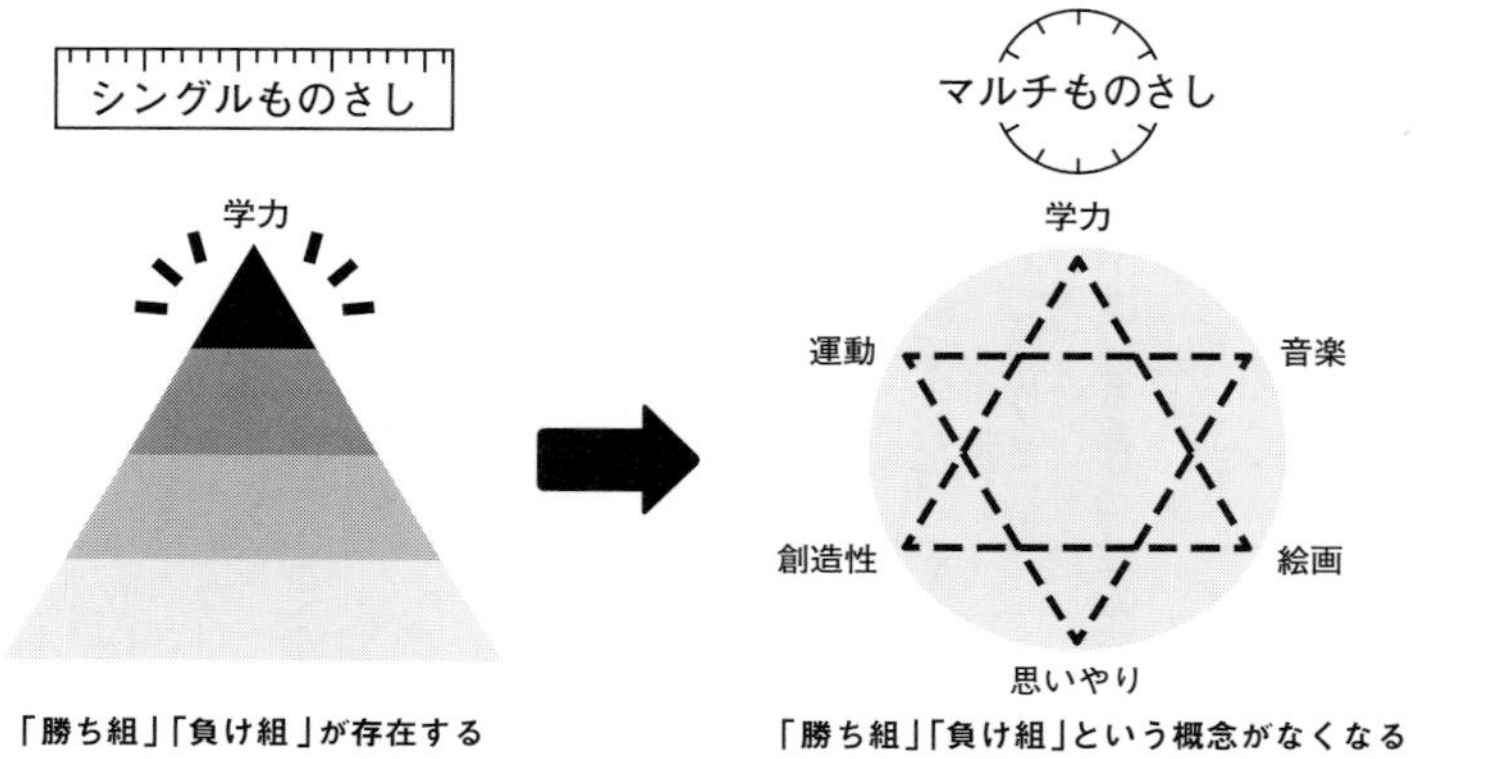

「勝ち組」「負け組」が存在する

「勝ち組」「負け組」という概念がなくなる

他にも、コミュニケーション能力、問題解決能力、リーダーシップ、タイムマネジメントなど、様々な特性をピラミッドの頂点をずらしながら構築する。

――子どもに親の価値観が表れる。

奥田　でも、別のピラミッドをつくって〝マルチものさし〟にしたらどうでしょう。勉強だけでなく音楽や美術といった芸事、スポーツでも測るようになると、勉強ができるからと偉そうにふんぞり返ってはいられなくなります。勉強は苦手でもユーモアセンスがピカ一の子も輝けます。いくつもの物差しのピラミッドを重ねていけば星形になり、それを増やせば真ん丸に近づいていきます。丸いものをピラミッドとは言わないでしょう？　さやか星小学校では、この「マルチものさし」を非常に重視しています。

「自分こそが優秀で、自分よりできないやつは劣っている」というマインドは、子育てや教育の失敗によるものです。自分がどこかで認められるように、他の子も認められる相互に尊敬し合う社会――僕は親子の指導、学校教育を通して、そんな社会をつくりたい。そのために、死ぬまでこの仕事を続けたいと思います。

親子で「生き方」を考える本

お子さまの、そしてお母さま自身の、
人生の歩み方を見つめ直すよすがとなるような書籍をセレクトしました。
親子で一緒に読むもよし。子どもを応援する気持ちを込めたギフトにもおすすめです。

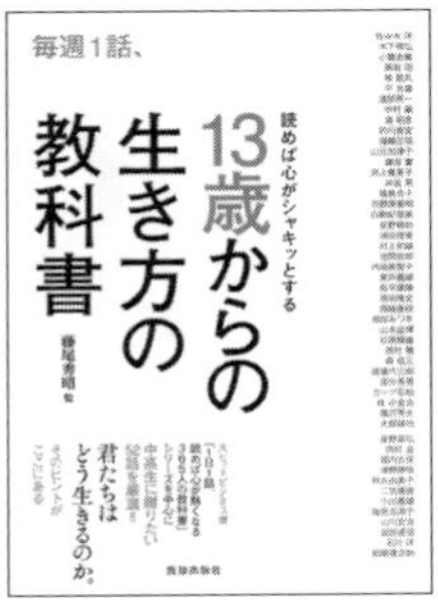

思わず大人も涙する、
子どもたちの生き方と
考える力を育む52編

**毎週1話、読めば心が
シャキッとする
13歳からの生き方の教科書**

藤尾秀昭・監修

定価＝1,760円（10%税込）

中高生に贈る
一人前の大人になるための心構え

14歳からの「啓発録」

瀬戸謙介・著

定価＝1,320円（10%税込）

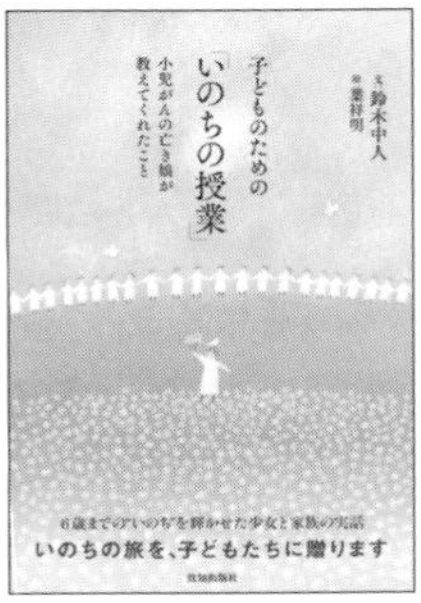

30万人が感動した、
6歳の少女の感動実話

**子どものための
「いのちの授業」**

鈴木中人・文／葉 祥明・絵

定価＝1,430円（10%税込）

幅広い世代に感動を呼んできたベストセラー

プレゼント
人気
No.1

心に響く小さな5つの物語

藤尾秀昭・文／片岡鶴太郎・画

定価＝1,047円（10%税込）

心に響く小さな5つの物語Ⅱ

藤尾秀昭・文／片岡鶴太郎・画

定価＝1,047円（10%税込）

心に響く小さな5つの物語Ⅲ

藤尾秀昭・文／片岡鶴太郎・画

定価＝1,100円（10%税込）

自分を輝かせて生きるための
人生の教科書

**二度とない人生を
どう生きるか**

藤尾秀昭・著／武田双雲・書

定価＝1,100円（10%税込）

中高生に向けて
やさしく説かれた生き方指南書

10代のための人間学

森 信三・著

定価＝1,430円（10%税込）

10代でも読みやすい
「稲盛哲学」の入門書

「成功」と「失敗」の法則

稲盛和夫・著

定価＝1,100円（10%税込）

悩んでいた母親が一瞬で救われた子育ての話

千組以上の親子と対話を重ね、〝道徳教育のカリスマ〟〝伝説の教師〟と呼ばれた平光雄先生。「子育ては親の『分際』をわきまえて」「わが子とよその子を単純に比べない」など、平先生が命を懸けて掴んだ実践的教育論を厳選し、六つのお話をご紹介します。

社会教育家
元小学校教師

平 光雄

たいら・みつお
昭和32年愛知県生まれ。58年青山学院大学文学部教育学科（心理学コース）卒業後、愛知県で小学校教諭となり、学級担任を32年間務める。平成27年に退職するまで、問題を抱えた子どもたちを数多く立ち直らせるなど、プロ教師としての手腕が高く評価されてきた。平成10年より話力総合研究所（東京本郷）に通い、永崎一則氏のもとで話力学を学ぶ。著書に『子どもたちが身を乗り出して聞く道徳の話』『子どもたちが目を輝かせて聞く偉人の話』（共に致知出版社）などがある。28年逝去。

子育ては、親の「分際」をわきまえて

突飛《とっぴ》なイメージと思われるでしょうが、子育てとは、「暴れ川の治水《ちすい》工事」のようなものです。

武田信玄《しんげん》は、氾濫《はんらん》をよく起こしていた甲府の暴れ川の激流の方向を操作し、「高岩」という大きな岩を自然の堤防にして洪水を鎮《しず》め、地域の人の生活にとって「必要不可欠な川」にしました。オランダの土木技師・ヨハネス・デ・レーケは、大洪水続きだった木曽三川《きそさんせん》を分流することによって、被害を激減させ、元来の豊かな水を水田に有効活用できるようにしました。

特に、「また友人と喧嘩《けんか》した」「また先生に逆らった」「また暴言を吐いた」など、よく問題を起こして親を困らせる子どもなどは、まさに度々洪水を起こす暴れ川のようなものと言えましょう。子育てとは、その暴れ川の工事をするようなものです。

いや、子育ては「用水路」造りの比喩《ひゆ》のほうがぴったりじゃないのか、と思われる方もいるでしょうが、幸か不幸か、子どもの生き方はそこまで、親を含めた他人が操作し、好きな方向に流せるものではありません。

やはり、用水路ではなく、川のイメージをもって対応するほうがよいのです。

それなのに、名古屋の堀川や京都の高瀬川のように、便利な場所に（つまり、こちらの都合のよいように）導こうとしても無理があるわけです。無理やりに水路を造り、自然の流れを大きく変えることは、破綻《はたん》を招くことになります。子育ても、同じなのです。

人は皆、独自の流れをもって生まれてくるんです。それは最も近くにいる親であっても、全《まった》く変えてしまえるものではないんですね。

それを寂しいと思うのは親の勝手な思いというもので、それで無力感を覚えるなら親のエゴというものです。

それは無理でも、親は莫大《ばくだい》なエネルギーを持つ川の水をどう使うかには、大いに関与できるのですから。それで十分だし、それこそ大事業だと思うべきでしょう。

子どもには子どもの流れがあるのです。

それに対して、親としての「分際《ぶんざい》」をわきまえ、超えてしまわないことですね。超えてしまうと、川のエネルギーは大きいだけに、大きな破綻を招きます。間違っても、わが子の人生を用水路造りのように思わないことが大切ですね。

特に、問題をよく起こして親を悩ませるような「大変な子」は、水量が多い＝エネルギーが大きいだけに、その使い道次第では大きな成長が期待できる、楽しみな子ですよね。

問題のない子はいない

「ウチの子には、今まで困らせられたことがないんですよ。全然手がかからなくて、楽させてもらってます。いい子ですよー。ははは」

などと言われる親もいます。

返答には、なかなか困ります。「いや、そんなことはないですよ」とも言いにくいですし。

子育てというのは、子どもが親を乗り越えていくという「構造」上、ずっと楽で快適であるはずがないのです。子どもがきちんと成長していれば、親に忍耐や変革を要求するものだからです。

ゆえに、先のようにあっけらかんと言う親には、以前だれだったか、ある作家が言っていた「らくだらく」という呪文？を唱えたくなってくるのです。

「楽だ」を繰り返す。「らくだらくだらくだ……」すると、いつの間にか「楽・堕落《だらく》」に聞こえてくるというものです。なんとも意味深長《しんちょう》ですね。

社会教育家の田中真澄《ますみ》氏が、ご講演の中でよく紹介される、富山の薬売りに伝わる教えは、

「楽すれば楽が邪魔して楽ならず、楽せぬ楽がはるか楽々」

です。

子育てにもぴったりの言葉でもあります。

「子育てに悩みがないって方もいらっしゃるけど、ウチは悩みばっかりで……」という親には、こう伝えてきました。

子育てに楽はないですよ。求めるのも間違いだと思います。

楽なら、きっと子どもには何か「問題」があると思っていいでしょう。

悩みがないという親子がいても羨《うらや》ましがることではないですよ。

どんなに大変な毎日でも、子が成長しているなら喜ぶということが、親として最上のことじゃないでしょうか。

らくだらくだらくだらくだらく……。

子どもが理解できなくなったら喜びなさい

子どもが高学年になると、こんなふうに嘆く親も増えてきます。

「前はもっと素直な子だったんですけどね……」

「前は、よく言うことを聞いてくれてたんですけど、最近は何を言ってもだめで……」

「何を考えているのかわからなくなってきました……」

子育ての素晴らしさは、子育てによって親も成長できるということでしょう。

もちろん、自然に成長するということはありえません。そう心得て、修養《しゅうよう》を積んでこそではありますが。

親は子どもが自分より大きくなっていくことが何よりの喜びである……はずですね。しかし、このことは、親にとって快適なことばかりではありません。自分にとって納得できない、理解できない言動にも直面することになるわけです。どうやって受け容《い》れたらいいのか、途方に暮れることもあるでしょう。

親と子とは、最も近くにいながら、全

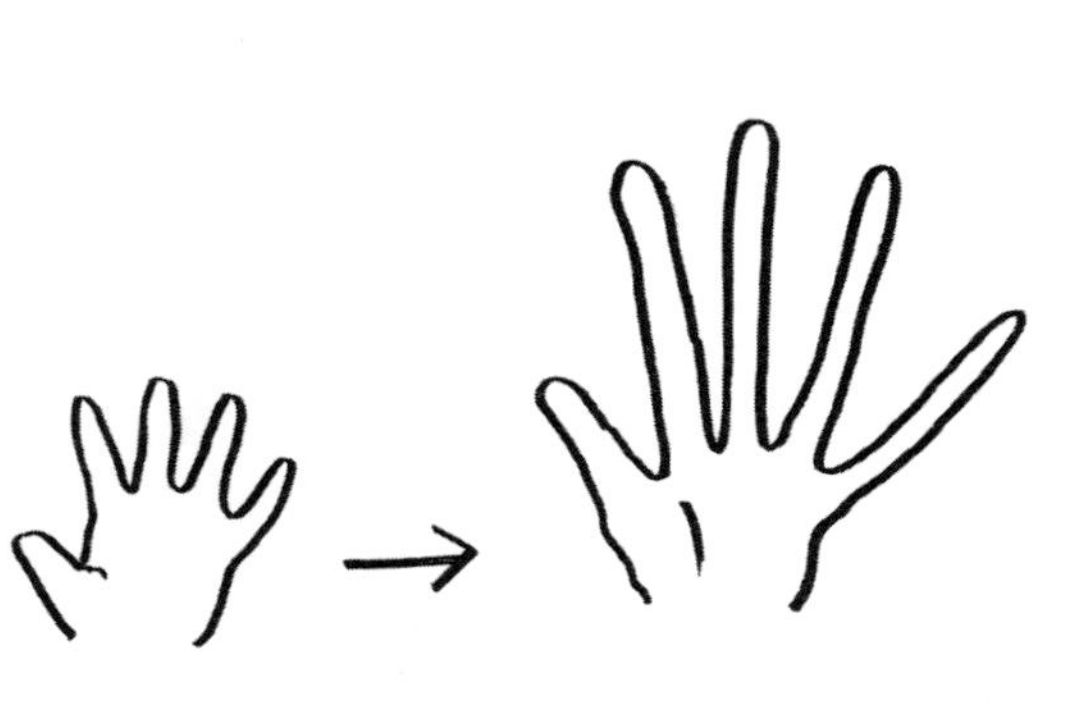

く違う世界に生きていることも往々《おうおう》にしてあるのです。性分《しょうぶん》も違う場合があり、活動する環境も直面している状況も違います。中でも、性分の違いは、「見える世界」の違いをもたらします。同じ景色を見ていても、自分の性分、興味・関心が違えば、見える世界は違うのです。

洋服を買おうと思っている人と、庭木を買おうと思っている人では、街の景色が違って見えます。「これが客観的な景色だ」などとは簡単には言えないものなのです。皆、関心の強いものだけを見て、それをもとに自分の中で「世界」を形作っているというのが現実です。

成長とは、それぞれの性分に従って、その方向で自分を伸ばしていくことと言っていいでしょう。子どもも成長していけば、当然、親の掌《てのひら》にはのらなくなります。こぼれ落ちます。それは、親にとっては、不快なことかもしれません。

自分の掌にのらなくなった、つまり子どもが、理解できない。思考の筋道が辿《たど》れない。何をやってるのかわからなくなった、という事態は親として心穏やかではないですよね。

でも、親が理解不能な言動も、子どもが「おかしく」なったからではなくても、成長の過程で起こるものですよ。性分に沿って成長していけば、それは必然でさえあると言えます。

むしろ、いつまでも親にとって「快適」、つまり、簡単に掌にのってしまっている状態を続けている子の方が「おかしい」可能性が高いと言えますね。それは、成長していないということかもしれないからです。

さて、めでたく? わが子が親の掌にのらなくなったとき、どうしたらいいか。

このときこそ、子育てによる親の成長のチャンスです。親が「指を伸ばす」のです。掌からはみ出ていることを批判、叱責《しっせき》あるいは嘆《なげ》いていても、成長に伴《ともな》う逸脱《いつだつ》は解消しません。

ここで、不愉快に耐え、掌にのらなくなった子どもの成長を喜ぼうじゃないですか。そして、がんばって、自分の指を伸ばし、また掌に乗せてやる！ 大きな掌になってやる！ と決意しましょう。当然、また子どもは逸脱するでしょう。そしたら、またがんばって指を伸ばすんです。これは勝負です。親子の成長競争です。

こんなプロセスで、親も成長する。器量が大きくなる。これこそ、子育ての醍《だい》醐味《ごみ》ですね。

子どもが理解できなくなったら、親子ともに成長のチャンスであり、歓迎すべ

子どもが理解できなくなったら、親子ともに成長のチャンス。親たる者、そんな気概ある視点を持ちたいものです

き事態。親たる者、そんな気概《きがい》ある視点を持ちたいものです。

わが子とよその子を単純に比べない

「ウチの子は、ほんとうに軽率で……○○さんみたいに落ち着いて何でもやれればいいんですけどねー」

「あの子はほんとうに引っ込み思案で、○○くんのように活発にやれたらいいんですけどねー」などなど。

子どもの性格・性分に由来する不都合を嘆き、そうでない子を羨《うらや》むという母親はとても多くいます。

しかし、天与《てんよ》の性格に「善・悪」はないのです。どんな性格・性分も、紙に裏表があるように、プラス面とマイナス面を表裏一体、背中合わせに持っています。

活発で、冒険好きな子は、うっかりミスが多い。何にでも慎重で、どんな作業も丁寧な子は、悩むことが多い、というように。

しかし、多くの母親は、わが子がそういう性分であるがゆえに悩まずに済んでいることに目を向けず、マイナス面ばかりに目がいきがちです。

行動的だが軽率なことが多い子は、ぐずぐず悩んでいる姿で親を心配させることはないでしょう。心配性で悩みやすい子は、雑な作業や手抜きを親は叱らずに済むでしょう、というように。

人間を大きく分けると、内向型と外向型があるんです。そして、それぞれがプラスとマイナスを裏表で併《あわ》せ持っています。片方のプラス面ともう片方のプラス面を同時に持ってほしいというのは欲張りすぎなんですよね。

それは、オタク的な要素の強かった昆虫博士ファーブルに、勇気ある冒険者コロンブスでもあれと言うようなものですね。また、大航海を好む者に、フンコロガシの生態を克明《こくめい》に観察し、丹念《たんねん》に記録する情熱も才能もないでしょう。

まずは、わが子の性分を、その特徴を把握することが大切です。

そして、その「長」を伸ばすように、「短」に胡座《あぐら》をかかせないようにすることです。天与の性格に「善・悪」はありません。

しかし、内向型の子を外向型の否定型（行動力がない。手を挙げない。はきはきしていない……）で語る親は多いのです。

世に、見方・尺度を変えれば、全く違った「よさ」が見えてくるということは多いですね。実は、わが子に対してもそうなんです。

足らぬのは、わが子を嘆く親の、性分の違いへの理解であるということも多いのです。人の性分は、みな一長一短、長所と短所を表裏に併せ持っているのです。

親がぼやけば子もぼやく

「ぼやき癖」のついた親がいます。そして、たいていその子もぼやくものです。

たとえば、混雑したファミリーレストランでも「おっそいねー、料理まだできないの！」「スタッフ、気が利《き》かないねー、ちっともこっちに来ないじゃん！」とぼやき、スタッフに当たる親の横にいる子の顔はたいてい仏頂面《ぶっちょうづら》で、そのぼやきに同調しています。

そうした親はきっと家庭でも、テレビ

を見ながら、新聞を読みながら、電話をしながら文句を垂れ流してしまっているのでしょう。

　こうした「ぼやき癖」「文句癖」は、確実に子どもに「伝染」するものです。努力不要で、安易《あんい》にできることであるがゆえに、そしてぼやいている間は、擬似《ぎじ》的な「元気さ」や「活力」が生まれるがゆえに、伝染しやすいのです。

　マスコミが流す情報には、文句がとても多く含まれています。不満を煽《あお》るような言動も随所《ずいしょ》に見られます。「困る」「とんでもない」「ひどい」としか答えられないような、誘導的な問いかけも多く見受けられます。

　これらが健全な正義感を育成しているとは思えません。そんな状況下で過ごす子どもたちなのに、更に親が「文句」の補足をすることが日常なら、確実に「文句」ベースの人間になってしまいます。

　このように、現代の状況は「文句癖」がつきやすいのだということを親は認識すべきですね。「むかつく」「うざい」は、だれだってどんな事態にだって言おうと思えば言えるわけです。見方・とらえ方の問題ですからね。

　嫉妬《しっと》だって、怠《なま》け心だって「文句」に転化して、正当性を纏《まと》うことは可能ってことですね。その状況に親が拍車《はくしゃ》をかけてはいけないですね。「文句癖」は、子の一生を損ないますから。

　どんな恵まれた状況になったって、「文句」ばかり言っていたら、主観的には不幸」ですもんね。

「正義の阿修羅《あしゅら》になるな」という言葉もあります。正当性を背負って阿修羅の形相になってしまってはいけないという戒《いまし》めの言葉です。

　いくら、自分の理屈では正当であっても、それが認められないことを怨《うら》み、大《だい》上段《じょうだん》に、感情的になって吐き出す人の心も、不幸になるということですね。

　そんな子にしてはいけないでしょう。

　学級では、いつも新年度に子どもたちに言ってきました。

「意見」と「文句」……この違い分かるかな?

「先生は、一年間、『意見』はいつでも聞く。『文句』は一切聞かない」

　そして、つい不平不満を表出《ひょうしゅつ》した子に聞きます。「それ、文句?」「聞かないよ、それ」と。

　繰り返し、「文句」を制していくと、だんだん文句癖は減っていくものです。放置していたら、増殖《ぞうしょく》します。

　親も自《みずか》ら、「文句癖」に陥っていないか自己モニターしましょう。そして、思いあたるなら断ち切るべきです。親の独り言だって、子どもは驚くほどよく聞いているものです。

子どもに「ブツブツ」を感染させないようにしましょう。

子どもの悩みを先回りしない

「集団に溶け込めないみたいで……」「仲が良かった友だちとうまくいかなくなったようで……」「○○が辛いみたいで……」などと、子どもの「悩み」を先回りして、心配の連絡、相談をしてくる親は結構います。子どもはさして困っていないのに。あるいは、まだそんなに深刻な事態は起こっていないのに、です。

そう言うと、「イヤ、うちの子は我慢して出さないようにしているだけです」と切り返す親までいます。疑心暗鬼《ぎしんあんき》。それにマスコミの報道が拍車《はくしゃ》をかけます。

「そうではない」時にそうではないと理解してもらうのは、結構骨が折れるものです。「今日はこんなふうでした。大丈夫でしたよ。家ではどうです?」という旨の綿密《めんみつ》な連絡が長期にわたって必要になったこともありました。

そうした親は、子どもが成長していく過程での、壁や摩擦《まさつ》を先回りしてなくしてやるのが、「いい親＝よく気付く親、愛情深い親」だとでも言うかのように見えます。

まるで冬季オリンピック競技のカーリングです。平坦な氷面をさらに、ほんの少しでも摩擦をなくすように、ブラシでこする。

しかし、子どもの行く道は、そもそも平面でさえないのです。ごつごつの凸凹《でこぼこ》道に、摩擦なしということなどありえません。そのありえないことをやろうとしているのです。

しかも多くの場合、子どもはさして困っていません。それなのに、先回りして躍起《やっき》になるのは、親のエゴではないかという自問も時には必要です。

子どものためではなく、自分が、子どもの困っている、悩んでいる事態を見たくない、あるいはそうなった後に関与したくないという潜在意識がないかと自己モニターしてみることです。

確かに、自分が悩むより、愛するわが子が悩む姿を見ることのほうが辛いというのが親心というものでしょう。子どものために自分の命を捧げられるというのが親ですから。

だからといって、その気持ちを「実行」に移してはいけないことも多いのです。

子どもには悩む・困る権利があるんですよ。「悩み」「困り」は成長への不可欠な要素ですからね。だから、「成長する権利」と言ってもいいですよね。

それなのに、子どもが担うべき、そして乗り越え、成長すべき摩擦をカーリングのごとく先回りして除去してしまうのは、親の身勝手とも言えますよね。

そんなことをしていると、「楽が当たり前」、「困難はだれかがおかしい」と子どもは考えるようになります。自他ともに不幸にするのです。

ほんのちょっとしたことで「子どもの心が傷ついた！　どうするんだ！」と大騒ぎする親もいます（そんな親を「操作」し、自分への関心を高めようとするようになる子もいます）。そこで動き回ることが「愛情深い」ということではありません。きちんと悩ませ、困らせ、きちんと成長させてやる親こそが本当の愛情ある親でしょう。

子どもにはきちんと悩ませ、困らせてあげましょう。それは「自分が代わってあげたい」と思うほど、見るのが辛いことかもしれないですが。

しかし、子どもはいずれ自分の力で生きていかなければいけないのです。野球のように「代打」は無理なのですから、その力をつける機会を奪ってしまうことこそ、罪なことですよね。

子育てはカーリングではなく、ラグビーの監督のように、試合が始まったら、グラウンドから離れ、観客席で今までの指導の成果を、「慈《いつく》しみつつ見守る」ものなのです。

大切なのは「大丈夫」の一言

日々、マスコミは不安を煽《あお》ります。マスコミの流す情報に浸《ひた》っている教室の子どもたちにも「夢」より「不安」のほうを語らせた方が容易《ようい》に「盛り上がる」というのが現状です。

もちろん、その子の性分にもよりますが、今の子どもたちはかつての子どもたちよりも、普段からたくさんの不安をもたされています。いずれも根拠のないものではないでしょう。

だからといって、まだ来ぬ将来にビクビクして、精神的に萎縮《いしゅく》していては伸びるものも伸びません。家庭でも「不安」に立ち向かうための自信や勇気を育むことは、とても大切なことです。

いずれ、子どもは家庭を離れ、一人で社会に出ていきます。独り立ちは不安でしょう。心細いでしょう。

そのとき、一番頼りとなるものは何でしょうか。それは母親の「肉声」です。正確に言えば、内面化された「母親の肉声」です。

武田鉄矢さんの海援隊のヒット曲『母に捧げるバラード』の歌の一節は、「今

子どもにきちんと悩ませ、困らせ、きちんと成長させてやる。それが本当の愛情ある親でしょう

も聞こえるあのおふくろの声／僕に人生を教えてくれた優しいおふくろ〈語り〉コラッ　鉄矢」です。

　これは武田さんだけではないでしょう。多くの大人は、母親の「肉声」が聞こえているはずです。

　今、あなたが子どもに向かって話しているその「肉声」が、将来にわたって子どもの心の中で響くのです。

　ただし、それは特定の言葉というわけではありません。武田さんの言葉も、一度言われたことではなくて、いつも言われていたことの集約としての言葉と思っていいでしょう。

　数限りなく発された母親の言葉をトータルして、何と言っていたかが残るのです。特に、子どもの勇気、自信といった面を一生にわたって左右するのは、「大丈夫」という言葉だと思います。これは、言い方によって二通りに分かれます。「大丈夫⁉」か「大丈夫」かです。

　勇気、自信への影響という面に関して、母親の発する言葉は、このどちらかに集約されると言っていいでしょう。

　母親の気持ちとすれば、いつも「大丈夫⁉」と語尾を上げて聞きたくなるでしょう。心配のネタは事欠かないし、心情をそのまま吐露《とろ》すれば語尾が上がるでしょう。しかし、これが曲者《くせもの》で、心の中で「大丈夫⁉」がずっと鳴り響くと、「慎重な人」にはなるかもしれませんが、自信のない、勇気のない人にもなっていくことでしょう。「一生モノ」の母親の肉声が不安を煽《あお》るのです（中には「本当に大丈夫⁉」と重ねる人もいますね。不安は更に増すでしょう）。

　そうではなく、母親が肚《はら》を決め、たいていのことは「大丈夫」といつも言ってやることです。不安になった時、実際に挫折した時、ピンチになった時、皆から疎外《そがい》された時……母親の「大丈夫」が響けばきっと大丈夫です。

　いつも、仮にやせ我慢でも「アンタは大丈夫」と言ってやる。条件無視でいいし、非論理的でもいいんです。「～だから」の理由もなくていい。

「大丈夫」という母親の肉声は子に内面化されます。口癖にすれば尚更ですね。これは母親が肚を決めればできることです。もちろん、安易なことではないですが。しかし、不安はそのまま出さないと「決めて」「断《た》つ」のです。

　子どもの将来のために。勇気と自信をもって歩んでいけるように。

　こうして「大丈夫」と、子どもを大きく包むには、母親にも、決断力や忍耐力や自制心などを培うための「修行」がいりますけどね。

　これを「大丈夫っ教」と言います（もちろん、「大乗仏教」のもじりです〈笑〉）。

［第四章］

生命の奇跡

①【鼎談】人間という奇跡の存在
～私たちは愛されて生まれてきた～

村上和雄　筑波大学名誉教授

山元加津子　特別支援学校教諭

入江富美子　映画監督

②わが子は大自然から授かった大変尊い存在

鈴木秀子　文学博士

映画監督

入江富美子

いりえ・ふみこ　昭和40年大阪府生まれ。映画監督。服飾デザイナー、会社経営等を経て、平成19年一念発起し映画製作を始める。仲間とともにつくりあげたドキュメンタリー映画『1／4の奇跡～本当のことだから～』は各地で大きな反響を呼んでいる。著書に『1／4の奇跡もう一つの、本当のこと』（三五館）がある。

筑波大学名誉教授

村上和雄

むらかみ・かずお　昭和11年奈良県生まれ。38年京都大学大学院博士課程修了。53年筑波大学教授就任。遺伝子工学で世界をリードする第一人者。平成11年より現職。著書は『君のやる気スイッチをオンにする遺伝子の話』（致知出版社）他多数。令和3年逝去。

特別支援学校教諭

山元加津子

やまもと・かつこ　昭和32年石川県生まれ。富山大学卒業後、特別支援学校（旧・養護学校）の教諭となる。通称「かっこちゃん」。『本当のことだから』『宇宙は、今日も私を愛してくれる』『たんぽぽの仲間たち』（ともに三五館）など著書多数。障がいを持っている人の意思伝達についての活動も行っている。

【鼎談】人間という奇跡の存在

私たちは愛されて生まれてきた

ありのままの自分を大切にして生きることを
テーマにしたドキュメンタリー映画
『1／4の奇跡〜本当のことだから〜』を制作した
監督の入江富美子さん、
主演を務めた特別支援学校教諭の山元加津子さん、
同じくこの映画に出演された
筑波大学名誉教授の村上和雄先生により、
二〇一〇年に『致知』の企画で行われた鼎談。
「私たちは愛されて生まれてきた」と語るお三方のお話は、
これまでの壮絶な体験とは裏腹に、生きる勇気や希望に溢れています。
それぞれの体験から得た生命のメッセージ。

神様は「大好きは嬉しい」という働きをつくった

入江　私が監督を務めた『1／4の奇跡〜本当のことだから〜』は日本全国ならびに世界各地で映画館ロードショーも含め、約八百五十回上映され、六万人以上の方々にご鑑賞いただきました（二〇〇九年当時）。

　この映画は特別支援学校教諭の山元加津子さんと子どもたちの交流を通して、本当にありのままの自分という存在が大事なんだ、ということを描いたんです。

　障がいのある方の素晴らしさを描こうとしたというより、素晴らしい生き方、命の尊さを教えてくださった方が障がいをお持ちだったというほうが正しいのかもしれません。

　本当は人間誰しもが持っているものなんだけれど、大人になって学んでいくにつれて「これを言ったら恥ずかしい」「笑われてしまう」といって閉ざしていった部分を、加津子さんや子どもたちはキラキラと表現し生きておられる。

　それが私たちの心の懐《なつ》かしい部分に響

いてくるから、自分のこととして映画を伝えてくださっているんじゃないかなと思っています。

山元　夏休みの宿題の自由研究で、「ありがとう」「大好き」と書いたお米と、汚い言葉を書いたものを五粒ずつ用意して、どちらが長持ちするかという実験をするお子さんがいました。

　驚いたのは、どれも「ありがとう」のほうが悪くならなくて、汚い言葉のほうが悪くなるんですね。お米の一粒一粒にも「〝ありがとう〟は嬉しい」という働きがあるのだから、私たちの細胞にも「〝ありがとう〟や〝大好き〟や〝愛している〟は嬉しい」という働きを神様がつくったんじゃないかなと。

　映画に出ている特別支援学校のお友達が伝えているのは、「みんなが素敵で、みんなが自分のことを大好きでいいんだよ」ということです。そのメッセージが私たちの細胞を揺さぶって、こんなふうにたくさんの方が受け入れてくださったのかと思っています。

村上　海外にまで広がっているということは、その感覚は人間共通のものなんでしょうね。聞くところによると、コロンビア大学での上映では終了後にスタンディング・オベーションだったとか。

入江　そうなんです。また、別の上映会では、ネイティブアメリカンの末裔《まつえい》の方が映画を見に来てくださって「この映画で僕とあなたが一つだということが分かりました。どうぞこの映画をすべてのネイティブアメリカンに見せてください」と言ってくださったんです。

　その時、私は人間には死んでしまう命と、死んだことのない命があるんだと強く思いました。人間には死ぬことのない、皆で共有している命があって、それは人種や年代を超えて繋《つな》がり合っている。だから、こうして一つのものに感動して広めていただけるんだろうと思ったのです。

ビジョンではなく
ミッションの人生を生きる

村上　映画を撮ったことのない入江さんが、この映画を撮ろうと思い立ったのはなぜですか。

入江　私は六歳の時、目が覚めたら隣で父親が死んでいる、という経験をしました。心臓麻痺《まひ》でした。救急隊員の人の「あと五分早かったら」という声を聞いて以来、大変な罪を犯してしまったように感じて、「自分はダメな存在だ」と思うようになったんですね。

村上　自己否定してしまった。

入江　はい。それからいつも心の平安を求めるようになったのですが、何を得ても満たされないんですね。服飾デザイナーになって夢が叶っても「ダメだ、ダメ

一人ひとりが大切な存在で役割があるように、人生で起きる出来事もすべて大切なんです　入江

だ、私はダメだ」と。

　ならばお金かと思い、起業してそれも成功させてもらったのですが、お金が入れば入るほど「お金じゃない」ということがはっきり分かっていきました。

　結婚をすれば、子どもを授かれば……。すべて叶えても満足しないんです。結局、私は感謝のかけらもない人間だったんです。

　そんな悶々《もんもん》とした思いを抱えていた時、一人の牧師《ぼくし》さんに出会いました。その人は私にビジョンの人生ではなく、ミッションの人生を送る方法を教えてくれたのです。

村上　ビジョンの人生ではなく、ミッションの人生……。

入江　私は自分に欠けている部分を埋めるために「こうなりたい、ああなりたい」とビジョンの人生を生きてきた。だけど、お金も地位も名誉も得られなくても、自分の命が喜ぶことをしたいと思っていたんです。「どうしたらいいですか」とお聞きしたら、その牧師さんがこうおっしゃったんです。

「毎日毎日〝天が期待していることを私に実現させてください〟と祈りなさい」

　そして、

「ビジョンは自分で描くから、力は自分持ちだよ。ミッションは向こうからやってくるから、力は向こう（天）持ちだよ」

　と。それから毎日毎日心から天に祈り続けました。その頃、私のことをとてもかわいがってくれた最愛の祖母が亡くなり、思い出を振り返った時、自分を否定している私には、その祖母にさえ感謝する心がないことに打ちひしがれたんです。

　その時、「私は人間ができていないけれども、このままの自分で生きていこう」と、初めてダメな自分を丸ごと受け入れた瞬間に、これまで「足りない、足りない」と思ってきた自分の人生が、いかに多くの人たちから与えられてきたのかと急に分かったんですね。

　そうしたら、お腹の底から「ありがとう」という思いが溢《あふ》れ出して、向こうから「宇宙に感謝の量を増やす映画をつくる！」というミッションがバーンと降って来たんです。

病気や障がいのある人が中心に据えられた社会

村上　映画を拝見して、障がいのあるお

子さんたちの不思議な力には驚かされました。

山元　そうですね、子どもたちは人間の素敵なところや、みんながいろいろであるというような真理をいつも教えてくれます。

例えば、何語でも全部分かるというお子さんもいるんです。

村上　勉強もしないのに？

山元　はい。「なぜ分かるの？」と聞いたら、「〝ありがとう〟も〝スパシーバ〟も〝グラッツエ〟もみんな同じ色と形を感じる」と言うんです。

円周率が旅をするように向こうから数字がやってくる子や、何十年後の何月何日は何曜日ということが分かるお子さんというのは、おそらくどの（特別支援）学校にもいらっしゃると思います。

入江　子どもたちの不思議な能力は、映画でもペルーのシーンで取り上げさせていただきました。

村上　ペルーにあるナスカの地上絵。あれだけ巨大な絵を、しかも一筆描きで誰が描いたのか、いまだに世界の謎だけど、山元先生は分かるとおっしゃっていましたね。

山元　ひろしくんという、いつも地図のような絵ばかりを描く男の子がいたんです。ある時、ふと気になってその絵を縮小コピーをし、道路地図に照らしてみたんです。それは数ミリも違わずにぴったりと重なり合っていました。これまでひろしくんが描いた絵を引っ張り出してきても、やっぱりどれもぴったりなんです。「ああ、ひろしくんは空に心を飛ばせるんだな」とすごく感心して、彼ならナスカの地上絵が描けるなと思ったんです。

またペルーにはクスコの石組みもありますね。大きさが異なるぼこぼこした石が、カミソリ一枚入らないほど隙間《すきま》なく正確に重なり合っている。私はそれを見た時、あっちゃんのことを思い出しました。あっちゃんは「ミルクジグソー」といって、裏も表も真っ白なパズルの名人なんです。一枚手に取ってはパチン、一枚取ってはパチンと当ててはめていって間違えることがありません。

入江　また、ペルーには障がいのある方をモチーフにした像や作品がたくさん残されているんですね。

山元　首都のリマに天野博物館といって、インカ帝国時代の素晴らしい土器などが三万点以上所蔵されている博物館があるのですが、その中に大きな織物があるんです。その織物は、中央に手のひらが一つ、その周りにいくつもの手のひらが配置されているデザインなのですが、その中央の手のひらは指が六本あるんです。

村上　いわゆる「普通の人」ではない六本指の人が真ん中に置かれていたわけですね。

山元　この博物館の事務局長を務める阪根博さんは「インカの人たちは、病気や障がいのある人がとても大切な存在だ、ということを知っていたのだと思います」とおっしゃっていました。

入江　だからいまの私たちの常識では計り知れないものが生まれた時代だったのかもしれませんね。

1／4の大切な人たち

村上　このタイトルの「1／4の奇跡」

というのはどういう意味をこめてつけられたの？

入江　これは加津子さんが講演の中で雪絵ちゃんとのエピソードを通して、鎌状《れんじょう》赤血球の話をされるんです。そこからつけたものです。

村上　せっかくだから、そのエピソードをご紹介ください。

山元　雪絵ちゃんは十二月二十八日、雪のきれいな日に生まれた女の子で、多発性硬化症（ＭＳ）といって、頭の中のいろいろな部分が硬くなっていって、目が見えなくなったり、耳が聞こえなくなったり、手足が動かなくなったりする病気でした。

　だけど雪絵ちゃんはいつも「雪絵はＭＳでよかったよ」と言うんです。「ＭＳだから気づけた素敵なことがあるし、車椅子だからこそ知っている素敵なことがいっぱいあるよ。だからＭＳの私を丸ごと愛するの」って。

村上　すごい境地だな。

山元　私はそんな雪絵ちゃんが大好きで、学校を離れてからもずっとお友達で、「きょうはこんなことがあったよ」と話しては「かっこちゃん、よかったね」と言ってくれていました。

　でも、病気はどんどん進行して、ほとんど手足が動かせなくなってしまいました。あれは夏の暑い日でした。雪絵ちゃんは病院のベッドに横たわりながら、お見舞いに行った私に「かっこちゃん、私疲れた。楽になりたくなっちゃった」と言ったんです。

　もしかして雪絵ちゃんは死にたくなっちゃったのかな。そう思って私が言葉を詰まらせていると、

「あ、もしかしたら私が死にたいと思っていると思った？　そんなはずないでしょう。

　動けないって疲れるんだよ。暑いから扇風機をつけたいと思っても誰か来るまで待っていなきゃいけない。今度は風に当たりすぎて寒くなったら、また誰かを待たなければならない。それって結構疲れるんだよね。それに動けないくせに私の体痛むんだよ。それから痒《かゆ》くもなる。だからちょっと疲れたから、かっこちゃん、何か楽しい話をしてよ」

と。私はちょうどその時、テレビで見て雪絵ちゃんにどうしても伝えたいことがあったので、そのお話をしたんです。

　昔アフリカのある村でマラリアが大発生した時、たくさんの人たちがバタバタと倒れていきましたが、死なない人もいることが分かりました。その人たちのこ

親はわが子がただただ苦しんだり悲しんだりすることを望むわけがない。すべてはサムシング・グレートから愛され、守られている存在です　村上

とをお医者さんや科学者の人たちが調べたところ、共通して鎌状赤血球というのを持っていたんです。

　今度は鎌状赤血球を持っておられる方たちのきょうだいやご家族を調べたところ、三つのグループに分けられるとテレビでは言っていました。1／4は鎌状赤血球を持っていて、重い障がいを持っている人たち。2／4は鎌状赤血球は持っているけれども、障がいはない人たち。残りの1／4は鎌状赤血球も持っていないし、障がいもない。

　そうしてマラリアが発生すると、残念ながら鎌状赤血球を持っていない人たちから亡くなっていってしまうそうです。

　それを受けて、テレビの方は、「この村を救ったのは、この1／4の鎌状赤血球を持ち、かつ障がいのある人たちではないか。もし人々が障がいのある人たちは必要ないという考え方を持っていたら、この村は絶滅していたでしょう」と言っていたんです。

村上　鎌状赤血球というのは、赤血球の遺伝子の配列が一か所だけ違うんです。要するに、奇形なんだけれどもマラリアには強かったと。これは私が学生時代の頃から言われていたことで、我々のような生物科学者なら当然知っていることですが、みんなが生きるために必要だという考え方には至っていなかったですね。

山元　その話を雪絵ちゃんにしたらすごく喜んで、「こんないいお話を私たちだけが知っているのはもったいないね」と言っていました。それが亡くなる年の八月のことでした。

雪絵ちゃんとの最後の約束

山元　雪絵ちゃんは十月に大きな再発があり、意識不明になりました。そして十二月二十三日にはまた再発するのですが、翌日私は出版の件で一年前から韓国に行くことが決まっていたので、小松空港へ向かったのです。

　ところが、とってもいいお天気なのに飛行機が飛ばないのです。韓国の出版社の方にお電話したら「おかしいですね。羽田便も福岡便も出ていますよ。こっちもとても天気がいいのに」と。仕方がないので、次の二十六日の便で行くことになりました。

　そして二十六日の九時、出発の準備をしていたら、電話のベルがなりました。

雪絵ちゃんが亡くなった報せでした。

入江　もしも加津子さんが二十四日に韓国に行っていたら、二十六日は日本にいなかったわけですよね。

山元　そうなんです。お家へ駆けつけると、雪絵ちゃんは眠るような優しい顔で横になっていました。お母さんは「雪絵はきょう亡くなろうと決めていたんだと思います」とおっしゃいました。お正月になったら遠くの病院に転院することが決まっていて、お家が大好きな雪絵ちゃんはかつてその病院には行きたくないと言っていたそうで、「きっと二十八日の誕生日もお正月も家で過ごそうと思ったんだと思います」と。

　私は韓国に行かなければいけない事情をお話ししたら、「雪絵は先生と行った温泉旅行がすごく嬉しかったみたいですから、形見のものを持って、雪絵を連れて行ってください」といくつか雪絵ちゃんのものをくださって、それを手に私はお通夜もお葬式にも出ないで旅立ったんです。

　韓国に着いてからも私は短かった雪絵ちゃんの人生を思っていました。「MSでよかった」と言っていたけれど、本当は強がって言っていただけなんじゃない？　本当はつらい人生だったんじゃない？

　そんなふうに思っていたのですが、偶然持っていた荷物の中に、雪絵ちゃんがつくった詩がありました。

誕生日

私、今日うまれたの。
一分一秒の狂いもなく、今日誕生しました。
少しでもずれていたら、今頃健康だったかもしれない。
今の人生を送るには、一分一秒のくるいもなく生まれてこなければいけなかったの。
結構これって難しいんだよ。
一二月二八日、私の大好きで、大切で、しあわせな日。
今日生まれてきて大成功！
「すのう」に生まれてきて、これもまた大成功！

※すのう=雪絵ちゃんのペンネーム

村上　雪絵ちゃんは本当に自分自身を丸ごと愛していたんですね。

山元　はい。そのことは十分理解できたのですが、私は悲しくて悲しくて、日本に帰ってきてからもご飯も食べられなかったし、夜も眠れませんでした。「これからは一体誰が私の話を聞いて〝よかったね〟って言ってくれるの」みたいな自分勝手な思いになっていたんです。

このままじゃ自分自身がダメになってしまうなと感じた時、最後に雪絵ちゃんと話した日のことを思い出しました。

「かっこちゃん、きょうはどうしても聞いてほしいことがあるの。いまから言うことは、絶対にダメとか嫌とか言わないで」と何度も念押しするんですね。「いいよ、何でも聞くよ」と言うと、雪絵ちゃんは私にこう言ったんです。

「前にかっこちゃんは病気や障がいは大事だって言ったよね。人間はみんな違ってみんなが大事だということも科学的に証明されているとも言ったよね。

　それを世界中の人が当たり前に知っている世の中に、かっこちゃんがして」

〝世界中なんて、そんなこと私には無理〟と言いかけた時、雪絵ちゃんに「何にも言わないで。何でも聞いてくれるって言ったよね」と言われて、私は「分かったよ」と約束したんです。

　そうだ、雪絵ちゃんとの約束を果たさなきゃ。この思いが私に再び立ち上がる力を与えてくれました。そして本や講演を通じて、多くの人にそのことを伝えたいと思うようになったのです。

私たちはすべて大きな愛に包まれている

入江　初めて講演会で加津子さんのお話を聴いた時、嗚咽《おえつ》をこらえるので必死だったのですが、この雪絵ちゃんとの約束を聞いた瞬間、「分かったよ、雪絵ちゃん！　私が世界中が知っている世の中にするから！」って、体中からものすごい力がみなぎってきたのです。

村上　スイッチ・オンになったんだ。

入江　まさしくそうですね。だから、雪絵ちゃんもこの映画の製作チームの一人だったように思うんですね。

山元　いままで子どもたちが教えてくれた「みんな大事」ということは感覚で分かっていたけれども、科学でも、宗教でも何でも共通して証明される「本当のこと」なのではないかと思うんですね。

「みんなが宇宙から愛されている大切な存在なんだ」という真理を『1／4の奇跡〜本当のことだから〜』は伝えてくれていると思うので、多くの方にそのことを感じていただきたいと思います。

　また、私は皆さんに直接お会いすることはできないけれども、この映画を通してたくさんの方と出会えることが嬉しいし、雪絵ちゃんは亡くなったけれども、亡くなりながら生きていろいろなことを伝え続けてくれることが本当に嬉しいですね。

村上　入江さんは映画を撮って、人生変わった？

入江　変わりましたね。ずっと父を救えなかったトラウマがあったのですが、そのトラウマもまた私の人生の「1／4」

「みんなが宇宙から愛されている大切な存在なんだ」という真理を、多くの方に感じていただきたいと思います　山元

だなと思うようになりました。

一人ひとりが大切な存在で役割があるように、人生で起きる出来事もすべて大切なんだと。物事に良いも悪いもなく、すべては役割を担っているんですね。

父は隣で衝撃的な死に方をすることで、命の大切さとか本当の感謝というものを教えてくれたのだと思います。きっと、私が苦しんでいた間、父は「違う、そうじゃない。苦しむためにこういう出来事が起こったんじゃない」と言ってくれていたんじゃないかと思えた時、この世の中が大きな愛で包まれているんだなと感じました。

人って、親だったり大切な人からの愛が足りなかったり、叱られたりしたら「自分はダメな人間だ」「自分には価値がない」と思ってしまいますよね。昔の私が最たる例なのですが、でも本当はもっと大きな愛があることを知ると、人ってもっと救われていくのではないかと感じています。

親の親というか、実際の人間の親も大事だけれども、もっと大きな愛がほかにもあると分かった時、私はすべて許されたような気持ちがしたんですね。どんな問題も、どんな悩みも、それさえ知ればもう大丈夫。

ですから私はこれからも「この私で最善を生きるように愛されて生まれてきたんだ」ということを皆さんに伝えられる映画をつくっていきたいと思っています。

村上　お二人がおっしゃっていることは、まさに私が遺伝子の研究を通して感じた境地と同じですね。親の親のことを私は〝サムシング・グレート〟と言っていますが、親は我が子がただ苦しんだり悲しんだりすることを望むわけがない。すべてはサムシング・グレートから愛され、守られている存在だから、必要のない人なんているわけがないのです。

それから、人間は皆、何かしらの意味でメッセンジャーだと思うんです。それぞれ天から使命を与えられて生きている。それをどの程度自覚しているか。きょうはお二人とお話しする中で、自分に授けられたミッションを受け取れることがどれだけ奇跡的で幸せなことなのかを教えていただきました。一人でも多くの人がメッセンジャーとして生きられるよう、これからも発信し続けたいですね。

鈴木秀子 文学博士

すずき・ひでこ
東京大学大学院人文科学研究科博士課程修了。聖心女子大学教授を経て、現在国際文学療法学会会長、聖心会会員。日本で初めてエニアグラムを紹介したことで知られる。著書に『9つの性格』（PHP研究所）『名作が教える幸せの見つけ方』（致知出版社）など。

わが子は大自然から授かった大変尊い存在

普遍的な子育ての教え

レバノン出身の詩人カリール・ジブラン（一八八三～一九三一）の「子どもについて」の詩は、子どもを育てる上で多くの気づきや示唆《しさ》を与えてくれます。まずは、この詩をじっくりと味わってみてください。

あなたの子どもは、
あなたの子どもではありません。
あなたと共にいるものの、

あなたのものではありません。
すると、赤ん坊を抱いた
女性が言った。
子どもについて話してください。
アルムスタファはこう答えた。

あなたの子どもは、
あなたの子どもではありません。
生命そのものが再生を願う、
その願いの息子であり、
娘であるのです。
あなたを通して
生まれてくるものの、
あなたから生まれるのではなく、
あなたと共にいるものの、
あなたのものではありません。

子どもには愛を注ぎなさい。しかし、
考えを押しつけてはいけません。
子どもには子どもの
考えがあるのです。
家のなかに子どもの体を
住まわせることはできても、
子どもの魂を住まわせることは
できません。
子どもの魂は
明日の家に住んでいて、
あなたは夢のなかでさえ
そこを訪れることはできないのです。
あなたが子どものようになろうと
努めるのはかまいませんが、
子どもをあなたのようにしようと
してはいけません。
人生はあと戻りも、
昨日のままで
とどまることもしないのです。
あなたは弓であり、
そこから子どもという生きた矢が
未来へと放たれていきます。
射手は無限の道の先に的を定め、
力強くあなたを引き絞り、
その矢を素早く
遠くへと飛ばします。
射手のその手のなかで
身をたわませることを
よろこびとしなさい。
射手は飛び去っていく矢も、
手元でじっととどまっている弓も、
どちらも愛しているのですから。

有枝春訳『預言者の言葉』より

ジブランはレバノンで貧しい幼少期を過ごした後、家族とともにアメリカに移り住みます。キリスト教ロマン派の信徒であり、その宗教的、哲学的な作風は後世に様々な影響を与えました。この素晴らしい詩もそういう一篇ですが、どこか宗教的でありながら、子どもを育てる上で普遍的な教えが盛り込まれていることが伝わってくるのではないでしょうか。

子どもは褒める以上に認めてあげること

詩の冒頭には「あなたの子どもは、あなたの子どもではありません」とあります。親は子どもを生むことはできますが、生命そのものをつくり出し、わが子の体を設計したのか。そんなことはできません。生命は大自然から授かったものであり、それだからこそ私たち一人ひとりは大変尊い存在でもあるのです。

親はまずここのところをよく考える必

要があります。そうでないと、わが子を自分の所有物だと思い込んで思う通りに動かそうとし、数多くの不幸な出来事を生み出すことになってしまうからです。

あまりの期待と重圧によって子どもが心身に不調をきたしてしまったり、反対に虐待や暴言によって致命的なダメージを負ってしまったり、私たちの身近なところでもいろいろな悲しい事件が起きています。これらの原因を突き詰めると、親が子どもを自分の所有物と思い込むことにあります。この詩が伝えているメッセージの一つはそのことへの戒《いまし》めです。

では、親はわが子にどのように接するべきなのか。ジブランは「子どもには愛を注ぎなさい」と言っています。もちろん、この愛とは人間のエゴから来る盲目的な愛ではありません。子どもを無条件に愛し、すべてを受け入れ、天真《てんしん》が発揮できるよう育《はぐく》んでいこうとする真実の愛です。

この愛がなくては子どもは健全に育つことができません。現実に、誰からも愛されなかったり、言葉をかけてもらえなかったりした赤ん坊は、言葉を覚えられないばかりか、やがて干からびて死んでしまうことが数々の事例から明らかになっているではありませんか。

「考えを押しつけてはいけません」「子どもの魂は明日の家に住んでいて、あなたは夢のなかでさえそこを訪れることはできないのです」という言葉には、子どもは親とは全《まった》く違う人格を持った独立した存在であることを教えられます。

見方を変えれば、子どもは自分の力で人生を生きていかなくてはいけません。わが子をどれだけ溺愛《できあい》しようとも、わが子が重たい病気になろうとも親が代わりに子どもの人生を生きることは絶対にできないのです。あるいは子どもには、その子だけの使命が与えられているという言い方ができるかもしれません。

そこに必要なものは、親の子どもに対する敬愛の念です。それは、天から授かった掛け替えのない人格ある一人の存在としてわが子を敬《うやま》い、自分たちの手で大切に育てさせていただくという誓いのようなものでもあります。

人間は誰もが幸せになるために生きています。幸せになるのが私たちの人生の究極の目的です。だとしたら、自分たちとは別の魂の家に住み、別の明日を目指して歩み続けているわが子が心からの幸福感を得られているだろうか、自分たち親はそのために必要な応援と愛の力を与えてあげているだろうか、と時々そのことを考えてみる必要があります。

そうやって敬愛の念を持って育てられ

親は子どもを生むことはできますが、生命そのものは大自然から授かったもの。だからこそ私たち一人ひとりは大変尊い存在でもあるのです

た子どもの心には、自己肯定感が育まれていきます。自己肯定感とは自信満々になったり、自惚《うぬぼ》れて傲慢《ごうまん》になったりすることではありません。自分の生き方はこれでいい、と自分で自分を認め、そこにどっしりと腰を落ち着けることのできる心です。

日本の高校生にアンケートを取ると、残念ながら自分を好きだという答えは十％程度に過ぎません。他の国々よりも遥《はる》かに低い数字です。そうなってしまった大きな理由は、子どもたちが他人の目ばかりを気にし、他人から褒《ほ》められないと自分は駄目だ、生きている価値がないというマイナスの意識に陥っていることにあります。

私は各家庭で子どもを褒めること以上に認めてあげることをぜひ心掛けていただきたいと思います。「妹の面倒が見られるようになったね」「上手にお手伝いができるようになったね」と、できたことを一つひとつ認めてあげることで、子どもたちは自分を認められるようになるからです。

それと併せて大切なことは、感謝の習慣を身につけることです。

手が動く、足が動く、息ができる、食事がいただける、こういう一見当たり前に思えることに感謝することで、幸福を感じる力が次第に高くなっていきます。

無力感に苛まれても祈ることはできる

「あなたは弓であり、そこから子どもという生きた矢が未来へと放たれていきます」以降の、親を弓に、子を矢に譬《たと》えたくだりには、ジブランが最も伝えたい思いが凝縮されています。子どもという矢を、本当の幸福という的に向けて放つためには、射手である親が自分を力強く励ましながら生きていかなくてはいけないというメッセージがそこには感じられます。

子どもが天からの預かりものだとしたら、親自身もいい加減な生き方はできません。わが子が自由に育っていく様子を見届けながらそれを応援するには、時に厳しい忍耐が求められ、自省し成長する努力が大事になってきます。

親の期待に反して子どもが反発したり、道を踏み外したりすることもあるでしょう。その時でも大切なのは、それまでと変わらずに子どもに尊敬の念を持って愛を注ぎ続けることです。

もしかしたら、そのことは家族にとっ

人間は誰もが幸せになるために生きています。幸せになるのが私たちの人生の究極の目的です

て一つの成長のチャンスなのかもしれません。夫婦喧嘩《げんか》が絶えない家庭の場合、子どもは反発することで夫婦を仲直りさせようとするとも言われています。まさに親としてはグッと弓を引っ張る忍耐の時でもあるのです。

しかし、親にとって最も辛《つら》く悲しいのは、いつも傍《そば》にいてくれると思っていたわが子が病気や不慮《ふりょ》の事故、あるいは自らの意思によって亡くなってしまうことでしょう。私はこれまでそういう悲しみに数多く接してきました。

ごく最近も、二十歳になったばかりの大学生のご長男を突然の交通事故で失ったお母様のお手紙を受け取ったばかりです。オートバイを運転していた時、後ろから走ってきた大型トレーラーに巻き込まれてしまったといいます。

そのお母様は茫然自失《ぼうぜんじしつ》の日々を過ごしていた時、友人の紹介で私の著書に触れ、私が出演したテレビ番組を繰り返し見て、そこに小さな光明を見出《みいだ》されました。「聖なる諦《あきら》め」という言葉に力を得て、この世の中には当たり前のことなど何一つなく、すべては奇跡の連続であることに気づかれたというのです。

お母様の深い悲しみに寄り添いながら、私は「日々起きてくる出来事には必ず意味がある」という言葉を改めて思いました。息子さんは親の手が届かない遠い世界に行ってしまったとしても、自らの命を投げ出すことによって人生を生きていくことの意味や尊さをご両親に教えてくれているのだと感じたのです。

それは安閑《あんかん》とした日々の中ではまず得ることのできない大切な気づきです。これまでご両親から受けた愛に対する息子さんからの恩返しであり、恵みに他なりません。

もちろん、そうは言っても悲しみは拭《ぬぐ》い去れるものではないでしょう。しかし、悲しみを悲しみとして静かに受け入れ続けていくうちに、いつしか深い深い人間的な豊かさが育まれていくはずです。

たとえ時間や場所はなくても、誰かの役に立てる方法が私たち人間には与えられています。それは祈ることです。

大切なわが子が亡くなったり道を踏み外したりした時、誰もが無力感に苛《さいな》まれます。たとえ何もできない状況に追い込まれたとしても、わが子や家族の幸福を思って祈ることはできます。そして、祈りには私たちが思ってもみないような癒《い》やしの力があるのです。シスターとして祈りの人生を送ってきた私は、そのことを強く確信しています。

シスター鈴木の
心を癒やす言葉

苦難に遭った時、
涙を流すのはとても大切です。
涙によって様々な思いが洗い流され、
いつの間にか心が整理されていくからです

人間の本性は決して完璧《かんぺき》ではなく、
喜びに満たされることもあれば、
悲しみに打ち拉《ひし》がれる
こともあるのが現実です。
大切なことは、その両方を
自分で上手くバランスを取りながら
受けとめ、生きていくことなのです

物事を悪い方向に向かわせるのも、
よい方向に向かわせるのも、
すべては自分の心次第なのです

生きるということは、
自分が置かれている
いまこの一瞬一瞬を味わい、
そこに秘められている無限の価値を
見出すことに他なりません

自らが〃幸せ発信地〃となり、
明るく輝いている人の周りには、
いつしかよき仲間が
集うようになります

人と人との絆《きずな》というものは、
自分の弱さをさらけ出して
心をオープンにした時にこそ
生まれます。
心を閉じたままでいては
人との繋《つな》がりは生まれず、
人生の本当の喜びを
味わうこともできません

『名作が教える
幸せの見つけ方』
鈴木秀子・著　定価=1,815円（税込）

水の中で輝く命

障がいや病気のある子どものためのスイミングスクール「ぺんぎん村水泳教室」。創設者の伊藤裕子さんは、これまでの約三十年間で千人以上の子どもたちと向き合ってきました。大人の都合で子どもの気持ちを潰してはいけない――。そう語る伊藤さんにお話を伺いました。

伊藤裕子／ぺんぎん村水泳教室代表

「私が障がいのある子を産んだばっかりに……」

静岡県浜松市のスイミングスクールに勤めていた私が自分で水泳教室を開いた原点は、あるお母さんの涙でした。

約三十年前の当時、脳性麻痺《まひ》の男の子が勤め先にやってきました。体験をしてもらい安全確保ができると判断し、私は入会許可を出しました。ところが障がいの情報が上司に伝わると、あろうことか断るよう命じられたのです。

責任を感じて行政や近隣のスクールに掛け合うも、結果は同じ。障がいのある子は冷たい奇異《きい》の目で見られ、公園にもおちおち連れていけない時代でした。彼のお母さんは私の前で涙を浮かべて自分を責めていました。

この世に障がいのある子を産みたいと願う親はいません。それでも、障がいを抱えて生まれてくる命はあります。なぜそれを受け止める社会になっていないのだろうと悲しくなりました。

休暇を使って市民プールで彼を指導し始めると、すぐ動きを憶《おぼ》え、笑顔が輝き始めました。口伝えで活動を知った親御さんからの希望が相次ぎました。「誰もやらないなら私がやろう」と独立し、障がいのある子のための「ぺんぎん村水泳教室」を開いたのは一九九二年、三十歳の時でした。

あれから三十二年。生徒募集は一切していないにも拘《かかわ》らず、脳性麻痺児をはじめ、目や耳の不自由な子、発達障がいや進行性難病といろいろな事情を抱えた子どもたち千人以上と巡り合わせてもらい、積極的に受け入れてきました。

ただし、当初は悩みもありました。市民プールで活動しているがゆえに、一般の利用者から「気持ち悪い」「うちの子がおたくの生徒から嫌な思いをさせられた」と、謝罪を求められることもしばし

ば。「障がい者を集めて金を取る団体」と揶揄《やゆ》されることもありました。子どもの笑顔のために突っ走ってきたものの、このまま続けるべきか迷いが生じていたのです。

　そんな私の志《こころざし》を決定づけたのは、開校半年で訪れた、先天性の四肢欠損《ししけっそん》のある鈴木孝幸君との出逢いです。右腕は肘《ひじ》から先がなく、左手は指が三本だけ、右足は根元付近から、左足は膝《ひざ》から下がありません。様々な子を見てきた私も、水着一枚で視線に晒《さら》されるこの子の気持ちを考え、受け入れに戸惑いました。

　案の定、プールに出ると他の子たちの注目が一気に集まり、「何で手がないの?」と恐れていた言葉が飛びました。

「守ってあげなくては」、そう思った瞬間、「え? あるじゃん! これが僕の手だよ!」と、瞬時に肘までしかない右手を差し出し応えたのです。胸に大きな衝撃が走りました。

この子は六歳にして既に自分のありのままを受け入れ、これが自分であると主張すらできる。私は何を勘違いしていたのだろう。

「障がいがあろうとなかろうと、すべての命に輝きがあると認め合える社会をつくりたい。一人ひとりの可能性を引き出せる指導者でありたい」

　そう心に誓いました。後の二〇〇四年アテネパラリンピック大会から、東京2020パラリンピック大会まで、彼が金をはじめメダルをいくつも獲るなんて、当時は夢にも思いませんでした。

＊　＊　＊

　子どもの可能性を引き出すために一番大切なのが〝プラスの言葉がけ〟です。相談に来る親御さんは大抵、「この子はこれができなくて、ここがダメで」と説明されます。それを聞いている子どもは「自分はダメなんだ」と思い込み、できることにすら挑戦しなくなっていきます。

　ぺんぎん村では二つのことを徹底してきました。常に肯定言葉で子どもに接し、必ずお土産を持たせて帰すことです。お土産とは、これができるようになった！という〝「できた」のお土産〟です。

　例えば水に浸かるのを怖がっている子が足を滑らせてドボンと潜《もぐ》ってしまい、ワッと泣きそうになった瞬間、すかさず「すごい、いま潜れたね！　そこまでできるんだ」と一歩先回りして褒《ほ》めるのです。

　すると「できた、やれた」という達成感が生まれ、日常の様々なことに挑戦するようになります。〝できた〟の積み重ねが成長を促し、親御さんを笑顔にし、幸せの連鎖を生んでいく。冒頭に紹介した彼とお母さんの家庭も、こうして笑顔を取り戻されました。

　大人の都合で子どもの「やりたい！」という気持ちを潰《つぶ》してはいけない――これは私の信念の一つです。

　ぺんぎん村に年齢制限はありません。通いたければ何年でも通い続けられます。三百六十五日ほとんどの日々を水中で子どもたちと過ごす私ですが、いつまでもチャレンジャーとして、水中という素晴らしい世界から、幸せの連鎖を生み続けていきたいと願っています。

連載「母を語る」

「喜ばれる人になりなさい」母が授けてくれた言葉の贈り物

永松茂久

人財育成JAPAN代表

ながまつ・しげひさ
昭和49年大分県生まれ。平成13年僅か3坪のたこ焼きの行商から商売を始め、15年にダイニング「陽なた家」を開店し、繁盛店に育て上げる。現在は作家として執筆のみならず、次世代の著者育成、出版コンサルティング、出版支援オフィス、講演、セミナーをはじめ数々の事業を展開。令和元年に出版した『人は話し方が９割』（すばる舎）は日販の年間ランキング・ビジネス書部門で史上初の3年連続1位に輝く。著書に『喜ばれる人になりなさい』（すばる舎）『君はなぜ働くのか』（フォレスト出版）など多数。

母が遺してくれた大切な教え

——永松さんはミリオンセラーとなった『人は話し方が９割』を筆頭に、作家として数々の著作を手掛けてこられました。中でも、お母様やご自身の半生を赤裸々《せきらら》に綴《つづ》った『喜ばれる人になりなさい』には並々ならぬ思いがあったそうですね。

永松　もし自分の棺桶《かんおけ》に一冊だけ入れていいと言われたら、間違いなくこの本を選びます。僕にとって一番大切な本です。

亡き母から折に触れて言い聞かされた、僕の原点である「喜ばれる人になりなさい」という教えについて書きましたが、執筆しながら母との思い出や言葉を振り返っていると、涙が溢《あふ》れて止まりませんでした。大きなものもらいができてしまい、一か月間は治らなかった（笑）。出版後には多くの方々から感動の声が寄せられ、感慨は一入《ひとしお》でした。

——「喜ばれる人になりなさい」という言葉はいつ頃から言われていたのですか。

永松　物心がついた頃からです。ある日、母に「大きくなったら何になる？」と聞かれて「一等賞になる」と答えた。「なんで一等賞になりたいの」「だって一等賞はすごいから」。すると、「それじゃあ一等賞にはなれないよ」と諭《さと》されました。不貞腐《ふてくさ》れる僕に、母はこう言うんです。「この世には〝おかげさま〟という神様がいる。その存在を忘れたらダメ。そしてね、いつかあなたが誰かのおかげさまになるの。一等賞は困った人を助けるために神様がくれるものなのよ。だからあなたは喜ばれる人になりなさい」と。

――含蓄《がんちく》に富んだ教えです。

永松　だからといって、やんちゃ坊主真っ盛りだった当時は煩《わずら》わしく思いましたけど、心のどこかで「人に親切にする」ことは心掛けてきたような気がします。

それからわが家の壁は、相田みつをさんの『にんげんだもの』の日めくりカレンダーなどで埋め尽くされていました。徳や利他《りた》、感謝といった言葉が無意識のうちに刷り込まれたのは間違いなくこの時期であり、母の影響が大きいと思います。だから、僕がいま作家として本を書けているのは母のおかげなんです。

個性が潰されなかった幼少期

――お母様の言葉が永松さんの人生の根幹になっている。

永松　そうですね。母のたつみはどんな時も明るく、何事もやり始めると周りが見えなくなるタイプでした。父と共に地元（大分県中津市）で「夢工房」というギフトショップを営んでいたので、すごく忙しかったんです。その上、「私、お坊さんになる」と突拍子《とっぴょうし》もなく言い出し、悩める人たちに向けて頻繁《ひんぱん》にカウンセリングを行っていました。

ですから僕と弟は構ってもらえず、いつもひもじい思いをしていたわけです。

――寂《さび》しさはありませんでしたか。

永松　弟は寂しくて堪《たま》らなかったそうですが、僕は自由を謳歌《おうか》していましたね。お小遣いを片手に、近所のたこ焼き屋に入り浸《びた》っていました。たこ焼きづくりを手伝う度にその魅力にハマって、いつしかたこ焼き屋が僕の夢になっていったんです。それに、お客様の笑顔のために必死で働く母の姿は心の底から楽しそうで、早く大人になりたいと思ったものです。

昭和の頑固親父の典型だった父とは裏腹に、母はよく「自分で決めなさい」と言っていました。勉強しなさいとか、将来は店を継ぎなさいとか、「こうしなさい」って型にはめられそうになったことが一度もありません。そういう意味では、個性が潰《つぶ》されなかった気がします。

――ああ、個性を尊重してくれた。

永松　例えば、僕は幼い頃から慢性的に朝が弱いんです。高校入学後はますます悪化して、気がつけば昼なんてこともしばしば。先生に叱《しか》られてばかりだったのですが、家では全《まった》く怒られませんでした。

そうすると、次第に不安が募《つの》っていきました。「親に見捨てられたんじゃないか」と。その本音を伝えると、母は飄々《ひょうひょう》とした顔つきで「あなたは生まれた頃から夜行性だったの。社会に出たら夜働く仕事をすればいいのよ」と言ったんです。

いまでいう全肯定というものでしょうか。この母の言葉には救われました。おかげで落ちこぼれではあっても、自己肯定感は保たれていたように思います。

フォーユー型の生き方が道を開く

永松　かといって何も口出ししなかったわけではなくて、母からの助言が事業発展に繋《つな》がった経験もあります。

——詳しくお聞かせください。

永松　たこ焼きの行商を経て二〇〇三年、二十八歳の時にダイニング「陽《ひ》なた家《や》」を大分で開店した頃です。レセプションを催した日が社員の誕生日だったこともあり、厨房《ちゅうぼう》の動きを止めて盛大にバースデー祝いをしたところ、会場中が盛り上がり、お客様からも好評を博しました。

　その様子を目にした母に、お客様も同じようにお祝いしたらどうかと提案されたんです。僕は効率が悪すぎると却下しましたが、母から「非効率だからこそ感動するんじゃない。私一人のためにここまでしてくれたなんて。そう思った時に感動が生まれるの」と忠告されました。

——効率の中から感動は生まれないと。

永松　たしかに母が営むギフトショップでは手の込んだラッピング、お客様一人ひとりへの手書きの手紙といった非効率だらけでした。しかし、結果として事業を成功に導いた経緯がある。だからなおさら、無視できなかったんです。

　バースデー祝いは、お客様が食事を終えたタイミングで店内の電気を消し、トランペットで音楽を奏でながら、手づくりのケーキを当人の元に運ぶという形で敢行《かんこう》しました。その間は業務を一旦脇に置き、店内全体で一人のお客様を祝福することに集中する。その都度厨房やオーダーが止まるわけですから、非効率の極みでした。

　けれども、お客様の幸せを第一義としたサービスに徹していると、満面の笑みを浮かべたり、涙を流したりしてくださいます。さらに幸せの余韻《よいん》は着実に広がり、店は一気に活気づく。その様子を何度も見るにつれ、お客様が喜ぶ姿の虜《とりこ》になっていきました。ホスピタリティが素晴らしいとどんどん口コミで広がり、予約が殺到するようになったんです。

——喜ばれることの追求が道を開いた。

永松　僕の人生を振り返ったら、行き当たりばったりの連続なんですよ。陽なた家は開店から六年経つ頃には、バースデー祝いの件数が年間三千件を超える繁盛

店に成長しました。次はお客様からの要望を受け、ウェディング事業を開始。そこでたまたま式に参列していた出版社の編集長から声を掛けられ、本の出版や講演活動にまで繋がっていったんです。

何を伝えたいかというと、人を喜ばせる人生を歩んでいれば、無理に夢を持たなくても構わないということです。むしろ他人と競い合いながら夢を追求する生き方より、目の前の人の感動を追いかけ回す〝フォーユー型〟の生き方のほうが自ずと天命に導かれていくし、未来は絶対明るくなるというのが僕の実感です。

――フォーユー型の生き方は幸せな人生を送る秘訣《ひけつ》、とも言えると。

永松　そう思います。とはいえ、自己犠牲に陥ってしまっては元も子もありません。すべての人を満足させるのは熟練の技ですから、まずは自分が大切にしたい人に喜ばれることが肝要《かんよう》だと思います。

「あなたを日本一の母にします」

――『人は話し方が9割』誕生の背景にも、お母様の存在があったそうですね。

永松　ええ。僕が四十歳の時、母は六十四歳ですい臓がんが発覚しました。既に肝臓に転移しており、病状は深刻でした。

当時の僕は飲食店経営、講演、出版の三本柱で事業を展開していましたが、できる限り母を傍《そば》で看《み》ようと、飲食店の経営権を現場の店長たちに譲り、講演は極力数を減らして、病室でもできる出版業に力を注ぐようになったんです。

ところが、断ることができなかった講演で関東に来ていた折、母の容態が急変。いますぐ飛んで帰りたいけれど、時刻は二十一時半を過ぎ、飛行機の最終には間に合いません。母の苦しそうな呻《うめ》き声が電話越しに聞こえるにも拘《かかわ》らず、傍で支えることさえできない。自分の無力さを痛いほど思い知り、辛《つら》かったですね。

――胸が詰まります……。

永松　母はその日の夜中、二〇一六年五月二十三日、六十五歳で亡くなりました。僕はテレビ電話越しにその死を見届けました。なぜ俺は講演なんかやっていたのだろう。自分自身を許せなくて、茫然自《ぼうぜんじ》失《しつ》する日々が続きました。

それでも母の死から三か月経った頃に見つかった母の遺書が、僕の未来への扉になりました。「あなたは絶対日本一のメンターになるよ。あなたの本の日本一のファンのたつみより」。そう記された遺書を読み、母の知られざる思いに涙が溢れてくると共に、何としても母の夢を叶《かな》えたいという思いに駆られました。

父と弟、妻にその胸中を打ち明けた際、「お前が日本一になったら、たつみは日本一の母親になるんだな」という父の言葉でドーンと腹が据《す》わりました。「僕は出版で日本一になります。そして必ずあなたを日本一の母にします」と書いた手紙を仏壇に置き、単身で上京したんです。

――上京後はどのように歩まれましたか。

永松　最初は手探り状態でしたけど、ありがたいことに出版社との繋がりはあります。その中で、以前から親交が深い出版社の営業マンから「話し方」の本を書いてほしいと懇願されました。実は五年ほど前から提案を受けていましたが、二十代での起業経験を踏まえ、若い人向けの自己啓発書を書いていた僕は門外漢《もんがいかん》だったため、断り続けていたんですね。

案の定、いざ執筆し始めても全然うまく書けません。一体どうすればいいのだろうか。思い悩んでいた時に脳裏を過《よぎ》ったのは、やはり母の教えでした。

「本（商品）は百％読者のためにある」「もらった才能や勲章《くんしょう》は決して自分を威張《いば》らせるためにあるんじゃない。その力を使って誰かに喜ばれるためにあるもの」

母の病室で原稿に向き合う最中に掛けられた言葉を反芻《はんすう》し、何度も企画会議を重ねた末に、「目の前の人を大切にする話し方」に辿《たど》り着きました。相手の話をよく聞き、プラスの言葉を掛け、全肯定の環境づくりを心掛ける。スキルを度外視してメンタルを中心に説くことで、コミュニケーションに苦手意識を持つ読者の心を軽くできるのではないか、と思い至ったんです。こうして二〇一九年に『人は話し方が9割』が誕生しました。

この本は発売当初から各書店で少しずつ部数を伸ばしていきましたが、コロナ禍《か》でテレワークを強いられコミュニケーションを見直す人が増えたことをきっかけに、勢いは加速。出版社の営業の方々の地道な努力も相俟《あいま》って、二十万部、三十万部と数字を伸ばしていきました。

そしてついに、二〇二〇年の日販の年間ベストセラーランキングで、ビジネス書部門の一位になったんです。

——お母様の夢を実現された。

永松　僕はスピリチュアルなことはよく分かりません。しかし、この奇跡は間違いなく母が後押ししてくれたものであり、傍で支えてくれた家族や出版社の方々、そして目に見えない読者の皆さんの〝おかげさま〟の力だと信じてやみません。

母の遺影に「日本一になったよ」と報告したら、「おめでとう！　ところで、この勲章をどう使うの？」って言われた気がしたんです。その言葉に導かれるように、これまで培ってきたノウハウを活かした新人著者の育成に注力しています。

適した環境であれば人は自力で育つ

——永松さんは二人のお子さんの父親でもいらっしゃいます。子育てにおいて心掛けていることは何ですか？

永松　二十三歳の長男と高校三年の次男がいます。僕が父親として伝えていることは、フォーユーの一点に尽きます。

目の前の人がどうすれば喜んでくれるのかを考え、実践する。その行いは回り回って必ず自分に返ってくる。この考え方を根づかせるために、息子たちが物心つく頃から陽な家に放り込んでいました。子どもたちも一所懸命働いてくれました。自ら感じ取る過程を通して、フォーユー型の生き方が少しずつ、けれども着実に育まれていったと実感します。

それ以外には、僕は子どもたちに「こうしなさい」と押しつけることはしてきませんでした。ただ、身を置く環境についてだけはアドバイスをしますね。

——身を置く環境、ですか。

永松　僕の経験上、人が人を育てようとするには限界があるように思います。まるで全く実らなかった種でも、違う場所に植えた途端、見違えるほど育つことがあるように、人は適した環境に根を張ることさえできれば、そこで出逢う人や教えに導かれて、自力で成長していく生き物なんです。

例えば、自ら料理の道を志願した長男には、東京の新宿にある調理師学校を薦《すす》めました。きっと一流の料理人と接するチャンスが訪れると睨《にら》んだわけです。

その予想は的中し、在学中に和食屋の名店「銀座しのはら」で働く機会を得ました。その際、長男から助言を求められたので、ひと言だけ伝えたんです。「笑顔で喜んで仕事を引き受けなさい」と。

すると後日、店主から「うちに来ないか」と誘われたと言うんです。数名の職人しかいない狭き門を潜り抜け、新卒としてたった一人採用された。ここまでとんとん拍子に事が運ぶとは思いませんでしたが、置かれた場所で一所懸命努力を重ね、自らの力でチャンスを掴《つか》んだわけですから、父親として誇らしい限りです。

子育ての究極は自己否定しないこと

——家庭円満の秘訣はありますか?

永松　否定することはせず、とにかく楽観的にいることですね。否定から入ってしまうと喧嘩《けんか》の原因になりますし、話を聞いてくれるだけで、人は受け容《い》れられていると思えるじゃないですか。

だから子どもを否定しないことは大切ですけど、僕が子育て中のお母さんたちに一番お願いしたいのは、自分自身を否定しないでほしい、ということです。

子育てをしていると、子どもを怒鳴ってしまった自分を責めたり、周りの家庭と比べて「私はダメだ」と落ち込んでしまうものかもしれません。けれど、そうして子育てに悩みっきりで母親自身が自己肯定感を失ってしまったら、イライラは募っていき、旦那さんに当たるようになる。しまいには子どもを否定するという負のスパイラルに陥ってしまいます。

聖母マリアになろうとしなくたっていい。ありのままの自分を認めてあげる。子育ての究極は、お母さんが自己否定をしないことだと思うんです。

——ああ、自己否定をしないこと。

永松　そして「子どものために」とすべてを犠牲にするのではなくて、やりたいことに挑戦してほしい。現に、母は僕らをそっちのけで仕事やカウンセリングに夢中でしたが、母が誰かに喜ばれる姿を楽しそうに示してくれたことは、僕の人生で最も恵まれた点だと実感しています。

たとえ、その瞬間は寂しかったとしても、器用に適応していくのが子どもなんですよ。結果的に自立心が育まれていきますし、それがゆくゆく子どもによい影響を与えると心の底から信じています。

最後に、僕の母が「母親として決めていた三つのこと」をご紹介します。

一、子どもの心配をする時間があるなら、自分の好きなことをやる時間に変えること

二、子どもがどんな状態であっても、お母さん自身が自分の機嫌は自分で取りながら明るく生きること

三、何があっても子どもの味方で居続け、未来を信じ続けること

この言葉のように、自分の人生を存分に生きる。そしてどんなに忙しかったとしても、一緒にいる間は子どもの話を親身に聞いてあげてほしい。それが、母が僕に授けてくれた贈り物であり、僕からお母さんたちに伝えたいメッセージです。

見返りを求めぬ母の愛

星野富弘／詩画作家

中学校の体育教師だった星野富弘氏は、クラブ活動指導中に頸髄損傷《けいずいそんしょう》の大けがをし、首から下の自由を失いました。一時期は自暴自棄になりながらも、口に筆を咥《くわ》え、詩や絵を描くことで次第に生きる希望を見出します。そんな星野氏を支えた母とのエピソードを『致知』一九八八年二月号より一部抜粋してご紹介します。

爆発してしまった苛立ち

神様がたった一度だけ
この腕を動かして下さるとしたら
母の肩をたたかせてもらおう
風に揺れる
ぺんぺん草の実を見ていたら
そんな日が
本当に来るような気がした
（なずな）

母がいなければ、いまの私はなかったと思うのです。特に九年間の病院生活は母なしでは考えられません。

こんなことがありました。食事は三度三度

口に入れてもらっていたんですが、たまたま母の手元が震えてスプーンの汁を私の顔にこぼしてしまったのです。このわずかなことで積もり積もっていた私のいらいらが爆発してしまった。口の中のご飯粒を母の顔に向け、吐き出し、「チクショウ。もう食わねえ、くそばばあ。おれなんかどうなったっていいんだ、産んでくれなけりゃよかったんだ」とやってしまった。母は泣いていましたよ。よほど悔しかったのか、しばらく口をききませんでした。

見過ごすことができなかったハエ

ところが、ハエがうるさく顔の上を飛び回り、いくら顔を振っても離れてはすぐに私の顔にたかる。だまりこくっていた母もたまりかね、私の顔にたかっているハエをたたこうとしたんです。そして、たたくというより押さえた。ハエは逃げてしまいましたが、母のしめった手のぬくもり、ざらついてはいましたが、柔らかな手の感触を感じたのです。この時ですね、母親の愛を知ったのは。母はどんなに私を憎《にく》んでいても、私の顔につきまとうハエを見過ごすことができなかった。

母親は誰にとっても共通のものがありますね。やっぱり母親、父親もそうだと思うんですが、子供に対して見返りを求めない愛情がありますす。だから私たちはやすらぎを感じるのではないですか。

私が入院する前の母は、昼は畑に四つんばいになって土をかきまわし、夜は薄暗い電灯の下で金がないと泣き言をいいながら内職をしていた、私にとってあまり魅力のない母でした。もし私がけがをしなければ、この愛に満ちた母に気づくことはなかったでしょう。母を薄汚れた一人の百姓《ひゃくしょう》の女としてしかみられないままに、一生を高慢《こうまん》な気持ちで過ごしてしまう、不幸な人間になっていたかもしれません。

致知別冊『母』2024 母の力　初出一覧

悩んでいた母親が一瞬で救われた子育ての話
平 光雄 社会教育家/元小学校教師
『悩んでいた母親が一瞬で救われた子育ての話』

【鼎談】人間という奇跡の存在
～私たちは愛されて生まれてきた～
村上和雄 筑波大学名誉教授
山元加津子 特別支援学校教諭
入江富美子 映画監督
『致知』2010年10月号

わが子は大自然から授かった大変尊い存在
鈴木秀子 文学博士
『致知』2018年12月号

コラム① 子どもと声に出して読みたい『実語教』

コラム② 自分は自分の主人公
東井義雄 教育者
『自分を育てるのは自分』

コラム③ 念ずれば花ひらく
坂村真民 仏教詩人
『致知』1987年8月号

コラム④「お母さん」「お父さん」という言葉の由来
境野勝悟 東洋思想家
『日本のこころの教育』

コラム⑤ 水の中で輝く命
伊藤裕子 ぺんぎん村水泳教室代表
『致知』2023年12月号

コラム⑥ 見返りを求めぬ母の愛
星野富弘 詩画作家
『致知』1988年2月号

※いずれも致知出版社刊
※肩書は掲載当時のものです
※本書収録に際し、一部、加筆・修正を行った箇所があります

致知別冊『母』2024 母の力
令和6年6月25日 第1刷発行

編集	致知編集部
発行者	藤尾秀昭
表紙デザイン	鈴木大輔　江﨑輝海（ソウルデザイン）
表紙写真	FOUR.STOCK/Shutterstock.com
本文デザイン	FROG KING STUDIO
発行所	致知出版社 〒150-0001 東京都渋谷区神宮前4-24-9 TEL（03）3796-2111（代）
印刷所	TOPPAN株式会社

ISBN978-4-8009-1308-1 C0095
JASRAC 出 2403645-401